民国大师文库
（第二辑）

王国维教育学
王国维◎著

舒新城教育通论
舒新城◎著

钱亦石现代教育原理
钱亦石◎著

北京联合出版公司
Beijing United Publishing Co.,Ltd.

总目录

王国维 教育学 …………………………………………… 1–57

舒新城 教育通论 ………………………………………… 59–224

钱亦石 现代教育原理 …………………………………… 225–293

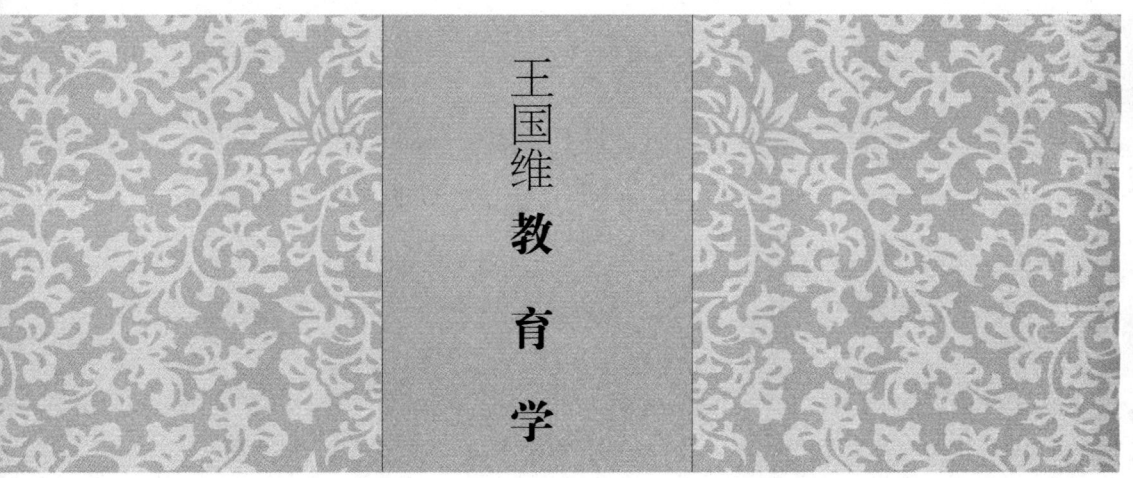

王国维 教育学

目 录

第一篇 绪 论

第一章　教育之意义 / 009

第二章　教育之目的 / 011

第三章　反对之教育主义 / 012

第四章　教育者 / 014

第五章　被教育者 / 015

第六章　教育之始终 / 016

第七章　教育学所当究之事项 / 017

第二篇 教育人类学

第一章　何谓教育人类学 / 021

第二章　人之所以与动物异之理由 / 022

第三章　教育人体学 / 023

　　第一节　此学之区分 / 023

　　第二节　运动装置 / 023

　　第三节　营养装置 / 024

　　第四节　神经装置 / 024

第四章　教育心理学 / 025

目 录

  第一节 幼儿之心 / 025

  第二节 感觉及知觉 / 025

  第三节 表象之再现 / 026

  第四节 类化 / 026

  第五节 思考 / 027

  第六节 感情 / 027

  第七节 欲望及意志 / 028

第五章 教育期之区分 / 029

第三篇 教育方法学

第一章 教育方便之种类 / 033

第二章 卫生 / 034

  第一节 营养装置之卫生 / 034

  第二节 运动装置之卫生 / 035

  第三节 神经装置之卫生 / 035

第三章 训练 / 036

  第一节 训练之意义 / 036

  第二节 训练之种类 / 036

  第三节 示例 / 037

  第四节 言语 / 038

目录

第五节　习惯 / 040

第六节　作业 / 041

第七节　看护 / 042

第八节　赏与 / 043

第九节　课罚 / 044

第四章　教授 / 047

第一节　教授之目的 / 047

第二节　教材之选择 / 047

第三节　教材之统一 / 048

第四节　教案 / 049

第五节　教段 / 051

第六节　教式 / 053

第七节　发问之方法 / 055

第八节　发问时必要之条件 / 056

第九节　答辩之处置法 / 057

第一篇 绪论

第一章　教育之意义

教育之语，虽今日一般用之，然精密考察其意义者殆稀也。世人或以教育但限于授算、读、写作之知识、技能，而学校但为授教科之地者，或以教育为但于学校施之者，皆不知教育之真义者也。教育真正之解释如下，曰：

教育者，成人欲未成人之完全发育，而所施之有意之动作也。

从如上之解释，则父母欲其子为良人时所施之训诫，及教师启发生徒时之教授，皆教育之作用也。然无心于教育之作用，虽于冥冥之中，助良童之发育，不得谓之真正之教育。例如因自己之便宜，而使役儿童，儿童虽可因之而得某种之技能，然不可谓之教育其儿童也。

附言：博士休曼说，德国语之"哀尔栖亨"（Erziehen，即教育）之字义如下：

一、"哀尔栖亨"有"导之向上"之义。即导儿童之身、心，使完全其作用，以达一定之目的者也。约言之，则导儿童使向成人，而终为成人者也。

二、"哀尔栖亨",又有"引去"之义。即引去儿童身、心上不宜之抵抗是也。此等抵抗之原因,由于外界之事情,及身、心之薄弱,或生而有不善之禀性者也。

英语之"哀投开馨"（Education）,出于拉丁语之Educare及Educere,亦"导出"之意义,与德语略同。

其在中国语,"教育"二字始见于《孟子·尽心篇》。教者,令也。此从教者之方面言之（《淮南子·主术训》"行不言之教"）。又效也（《广雅·释诂三》,又《白虎通·三教》、《元命苞》及《三苍》皆云）。此从受教者之方面言之。育,养也（《易·象上传》虞翻注,《诗·周颂》郑笺,《尔雅·释诂》等）。长也（《书·盘庚》孔传,《诗·谷风》及《生民》主传等）。由此观之,教育之义之如何广,可推而知也。

第二章　教育之目的

教育之目的，就广义解之，不可不以人类生活之目的为其目的。然就此目的，诸家之说各异。海额尔及海尔巴德以道德为人类唯一之目的。如身体及知识，不过达道德之手段耳。现在教育家中，左袒此说者不少。然从佛兰利希之折中主义者，以此说为极端。其言曰：

> 以道德为教育之最高目的，固自无误。然以此为唯一之目的，则极端之说也。身体及知识不但为道德之方便，其自身有独立之价值明矣。

盖人有身、心二面，而心意中又有知识、感情、意志等种种之现象，故唯以其一部分为教育之目的，不可谓之妥也。道德者，人之所以为人之要点。教育之力，不可不专注于此，而视为最高之目的。然他部分亦人之所以为人之一成分，故不可不加之于目的中也。

再细察教育之目的。即离人类一般之目的，而自特别之事情观之。第一，不可不考本国之国体及历史，而以养成适于国体之良国民为目的。第二，不可不依一个人之天禀，而斟酌其目的。然天禀必非限其将来之发达，又非教育者所能精密豫知之。故若太泥于特别之事情，反有害儿童之发达也。

第三章 反对之教育主义

欲深解教育之目的,不可不就古来所有反对之教育主义说明之。

一、理想主义与实利主义

理想主义者,不注意于儿童将来所从事之职业,而唯以养成善良之人物为目的。此主义高尚教育之目的,又使教育之事业,不局促于实用之范围内,然过重此主义而不顾其他,遂养成不适于实际之人物。

实利主义,则教育儿童而使成有用之世俗的人物。即其目的,不在理想而在实用也。近时所称道之实业教育,亦属此主义。欲使教育着实及增进国之富源,固当依此主义。然失之太过,往往害儿童之自然。

二、个人主义与社会主义

个人主义者,以一个人为目的,而以其对社会、国家之关系,置之度外者也。即谓因社会之公益而施教育,宁为政治上之问题,而属于教育之范围外。此说对极端之国家主义虽有所纠正,然亦矫枉而过其直者也。

社会主义反是,即不顾个人之权利,而唯以社会之公利为目的。其陷于极端者，则视个人不过社会之一器具，因之失教育之本义。

三、自然主义与人为主义

自然主义，以人为之自然之性为善良，教育但当助自然之发达，而决不可加以人为。固执此主义者，不知自然之亦有缺点者也。

自然主义之反对曰人为主义。即欲依人为之方法，而陶冶人之性质。此主义往往有不顾儿童之天性之弊。

此外，极端说之相反对者，有温和主义与严肃主义；有知育主义与德育主义。皆不免偏于一端。欲求善良之教育主义，在于此等反对主义之中点，立不偏不倚之主义。博士克尔希奈尔曰：

> "正当之教育主义，当如雅里大德勒之道德说，调和反对说而得其中庸。教育之病，多在偏于一端。"

可谓适切之言也。

第四章 教育者

儿童最初之教育处为家庭，而其教育者父母也。父母之当为儿童之教育者，人之自然也。殊如母以自己之怀抱为幼儿之床，以己之乳汁为其食料，故于身体之发育上，可不待论。其对幼儿之言语、感情，而加以感化者，甚显著也。父母之外，祖父母、兄姊、乳母等，亦教育之开始者也。然但有家庭之教育，不能全教育之功用。父母虽适于为训练者，然不甚适于为教授者，于是不得不受以教育为专职之教师之教育。

教育所不可缺之资格，成人也。即须以身、心成熟，而于社会上处独立之地位者为之。克尔希奈尔云，不至二十五岁，不适于为教育者也。

第五章　被教育者

能受教育者，唯人类耳。如禽兽不过饲养之，而不能教育之。盖教育之事，非施诸有灵知者且能自由发达者，不能见其效。动物虽有劣等之体欲及感觉，然无理性，故其发达限于极狭之范围内，不能如人类自由之发达。此教育之所以独存于人类也。

受教育者以未成人者为宜。盖人类有发达之时期，遇此时期，则品性已定，教育不能与以感化也。

第六章　教育之始终

教育当自何时始乎？从斐奈楷之说，则谓以儿童之对其行为而有道德上之自觉时为始。或谓幼儿在母胎内已受教育者。二者皆极端之说。宁以生于世之日为始，为适当也。

教育当以何时终乎？有意之教育，非终身所必要。故教育当逮儿童之达成人，即二十四五岁为止。此后虽非无要教授、劝诫之处，然固有之教育，已不可施之。盖成人以后，当使独立，而各自为教育者，以继续其自己之教育。若踰自然之制限而干涉之，反损其独立之性质也。

第七章　教育学所当究之事项

教育学者，以科学的方法，研究一切关教育之事项者也。此学之材料，一取诸他科学，一取诸实际之经验。今分其当研究之事项如下：

第一，教育人类学：（一）教育人体学，（二）教育心理学。

第二，教育方法学：（一）卫生，（二）训练，（三）教授。

第二篇 教育人类学

第一章 何谓教育人类学

　　教育者不可不就所教之儿童而精密研究之。此种研究，即教育的人类学也。人有身体及心意二部，故教育的人类学，自分而为二。其研究其有形的身体者，谓之教育的人体学；其研究无形的心意者，谓之教育的心理学。今欲说明其各部，不可不先说人之所以与动物异之理由。

第二章　人之所以与动物异之理由

　　人之所以与他动物异者，以其有理性故也。人由理性，而始得知自己、知万物，而启发理性，及使之明瞭确实，则非教育不可。理性先与劣等之情欲战，而情欲实先理性而生，其势甚盛。理性之欲克之也，亦甚难。对此战争而助理性者，唯教育耳。教育由种种之方法，而养成高尚之感情，使理性立于情欲之上，要之，人类所以优于动物者，以其心意也。则身体与心意，虽共为教育之目的，然不可不以心意中之理性，为教育之主眼。

第三章　教育人体学

第一节　此学之区分

教育人体学，与一般人体学同，分为解剖学及生理学之二部。解剖学示身体各部之构造；生理学示各机关活动之法则者也。依此二学，分人体之装置为三种，即运动装置、营养装置、神经装置是也。

第二节　运动装置

人之身体，一种之运动器械也。而其组织与活力，虽精良之器械，无以过之。此器械亦如一般之器械，得分为二部：一受动的器械、一他动的器械。骨、韧带及关节，属第一种；筋肉与运动神经，属第二种。而人体亦如蒸汽器械，即各部分不可不联结。又其活动也，不可无热，而欲生此热力，不可无必要之材料，以供其燃烧。此材料支持器械之活力，并补偿其损失之分量者也。活动之后，必须休息。不随意之机关，如心脏、消化器、呼吸器等，其活动常间断的也。故吾人有意之运动，亦不可不与休息相交代。

第三节　营养装置

吾人体中之势力，如世间一切活动，不可无材料。于是身体各部，有代谢作用，即收取必要之材料，而排泄其无用者。掌此作用者，即营养装置也。身体必要之材料，为养气、水、小粉、蛋白质、脂肪、砂糖、盐类、石灰、铁、硫、磷等。此等材料，一部由吸息，一部由饮食供给之。饮食物在消化器中，依分泌液之补助，而变为血液。血液以其所含之材料，输送于身体之各部，且流去其无用之部分。又养气与无用之部分相化合，而生燃烧，由是生生活上必要之体温。

第四节　神经装置

身体之各机关，依神经系统而统一之。吾人由之以知外界之现象，又生运动者也。神经系统之中心有三点：脑髓、脊髓、神经节是也。感觉神经，以身体各部所起之刺激，传诸中心。运动神经反之，以中心所起之兴奋，传诸身体各部者也。而兴奋之自脑来者，其所起之运动，谓之有意的运动。

神经之全系统，分为二种：一动物的系统，一植物的系统。前者管理心意之诸现象；后者无意识，而管理不随意之运动者也。此二者又得各分为二种，即动物的系统，可分为感觉的系统与运动的系统；植物的系统，可分为脊髓系统与交感系统。

第四章　教育心理学

第一节　幼儿之心

幼儿之心，亦如成人之心，但未发达耳。故有知、感、欲三种之状态，与成人同。吸乳汁而觉快味，是感也；能分别母与他人，是知也；见乳房而近其口，是欲也。此三种之心状互相关系，而不能相离。近世有以此种心状，各为一种之能力。如四肢之于身体，为独立之作用者。然自海尔巴德之观念说及裴奈楷之感觉说既出，能力说大抵为心理学所不取也。

第二节　感觉及知觉

知之始，感觉也。幼儿生而无何等之表象（即观念），其为外界所刺激，而作种种之表象，与镜之摄物影无异。外物之刺激五官，而生单纯之表象时，谓之曰感觉。感觉集而造复杂之表象，谓之曰知觉。此等表象，乃心之元质，而为其发达之基础也。儿童之初年，以触接外界，而采集心意之元质，为主要之动作。

第三节　表象之再现

直接受外物之刺激所生之表象，即知觉。非时时现于吾心，时过则匿其形者也。然若唤起之之事情，则再浮于心面，名之曰表象之再现。表象之再现也，有三种：一依类似律，一依接近律，一依因果律。

再现之表象之仍保其原形时，谓之记忆；变其形时，谓之想象。

记忆有三种。第一谓之器械的记忆，即不问理解其所记忆之事之意味与否，唯以甚相接近之故，而器械的联络之者也。第二谓之理解的记忆，理会其意味而记忆之者也。三曰人为的记忆，以人为的方法，联结本无关系之表象，而保存其偶然之关系者也。

想象有二种：一曰受动的想象；一曰自动的想象。受动者，如闻他人之谈话或读书时，吾人在受动之地位，而想象其所谈、所记之事物者也。自动反是。自我之意匠所构之想象也。于地理及历史，想象未知之地方，及往古之人物，属于前种；于作文及工夫画，自儿童之意匠所想象者，属于后种。

第四节　类　　化

外物之为我之知识也，有三阶段。第一刺激觉官而生感觉。然吾人所感觉者，未必悉为心之所有。例如专心读书时，种种之声，确刺激于吾耳。然不暇究其为何声，亦不知其何自来。必加以注意，而考其为何声，来自何处，则感觉始得为我之所有，此之谓知觉。此第二阶段也。然吾人所知觉者，未为吾人完全之知识，于是乎有第三阶段，即再现旧表象之与新表象有关系者，而与之融和。此即类化作用也。儿童之观察新物而知其为何，以其与既有之经验类化故也。

第五节 思　考

思考，整理直观所生个个之表象，而定其相互之关系之作用也。就其形言之如下：

（一）自个个之表象，抽出其类似之部分，或遗其不类似之部分，而作概念。

（二）联结个个之表象与概念，或联结概念与概念，而生断定。

（一）联结断定与断定，而生推理。

兹举其一例如下：

教育者，社会之改良者也；

教师，教育者也；

故教师，社会之改良者也。

概念、断定、推理三者，其形式虽不同，然由心理上观之，共归于同一之作用，即整理所得之表象，联结其相同，而区别其相异者是也。

儿童之思考之作用，亦早发现。其习言语之后，见类似之事物，而应用之，此即思考之作用也。然幼时之思考，但比较目前有限之事物而为之，故其作用不免粗笨，故教育者不可不导之使之为精密之思考也。

第六节 感　情

感之始为身体上之苦乐。例如食果而感快，尝苦味而感不快是也。幼儿其始，唯有身体上之苦乐。然至智力发达，而有种种之表象，则由此表象而生思想上之苦乐，名之曰情绪，如悲、喜、怨、怒、悔等是也。

情绪之中，推察他人之苦乐而感之者，谓之曰同情。如小儿见他人泣而亦泣是也。文王视民如伤，亦不外同情心之作用。情绪之高尚者，谓之曰情操。其由美丑而生者，谓之曰审美之情；依知识而生者，谓之曰知识之情；依善恶而起者，谓之道德之情；对神明而生者，谓之宗教之情。

教育不可不以裁制下等之感情，及养成高尚之感情为务。

第七节　欲望及意志

人之欲某事物也，不可无其事物之表象。不浮于我心者，不能为我之欲望。又虽有表象，而于吾人无价值者，不能生欲望。价值者何？无他，伴以苦乐之感情而已。一片之土块，不足以动吾心，其对我无价值故也。则欲望不可无表象与感情以先之。然欲望之不完全者，如饥渴、睡眠，自身体上之必要生者，殆无表象以先之，名之曰体欲。又曰冲动。

欲望若但望某事物，而未有达之之手段。则唯谓之欲望而已。然若信有成就之手段，而欲实行之，名之曰意志。意志若依同一之主义，而前后不相矛盾时，谓之曰品性。养成善良之品性，教育最高之务也。

第五章　教育期之区分

人类之生活期，亦如植物、动物，可分为三期：发育期、成熟期、衰弱期是也。而教育期当与发育期相同。既如第一篇所论矣，发育期自生时至二十四五岁止。然女子比男子约早三四年。其中又可分为三期：

一、幼儿期

即自生至六七岁，即换齿之时也。此间又可分为二小期：一、哺乳期，即一岁以内。此时植物的生活最盛，身体各部，皆极软弱，感受性极强而生长甚速。二、游戏期，幼儿至此，能独立步行、学言语，其脑质脂肪少而水多，至七岁而渐坚固。其期大抵因自由之游戏，以广其经验，然尚未能就有秩序之课业。

二、儿童期

即自六七岁至十四五岁之间也。当此时，各种之天禀，已大抵发达，身体亦壮；好游戏之心，虽犹有之，然渐让步于好学心。其入小学在此时期也。此时儿童之心，最渴望材料与动作，记忆力亦强，名誉之心亦渐发生，而可应用称赞与非难。

三、少年期

即自十四五岁至二十四五岁之间也。此期身体之各机关，已完全发达，能保持各部之调和。生徒依从前期所得之材料，而自己思考之，又渐有自制独立之力。

第三篇　教育方法学

第一章　教育方便之种类

教育之方便有三种：增进其身体之生活，必由卫生；坚固其道德的生活，必由训练；长其知识，则由教授。然此三者相依相助，而不能相离者也。卫生虽为体育之主要方便，然欲奏其功，不可无节制，勤勉诸德，又不可无卫生之知识，故必借训练与教授之助。于训练时亦然，非由卫生以健其身体，由教授以得道德之知识，亦不能达其目的。就教授言之，亦非由卫生及训练之助。而于身体及心意上有必要之能力，则教授亦属无效。要之，三种之方便，必互相统一，然后可达教育之目的。就时之次序言之，则卫生最早，训练次之，教授又次之。然非教授始而卫生与训练即告终也。三者当并行而相助，既如上所论矣。

第二章 卫 生

第一节 营养装置之卫生

幼儿之身体，当与以必要之营养物。

母之乳汁，幼儿第一年最良之食物也。此时之食物，决不可复杂，至换齿时期，然后可与以一般之食物。

儿童所嫌忌之食物，不可强使食之。

食物之分量，当与身体之需要及消化器之势力相应。

小儿之食事，其度数不可不较大人多，而每度之分量不可不少。

于儿童之食事，当立一定之规律。

食之前后，不可使其身心活动。

饮物之节制，乃一种之道德，不可不养成之。

儿童所吸之空气，必以新鲜为宜，故当流通室内之空气。

空气过暖，则使身体柔弱，故教室内适当之温度，以法伦表六十度上下为宜，又不可急遽变其温度。

当使屡为深呼吸。又当有秩序之运动，以练习呼吸。

当使洗拭身体，清洁皮肤，无使血气之活动停滞。

第二节 运动装置之卫生

欲使筋肉增其势力，且为心意之仆隶时，不可不十分活动。

运动之分量，及运动与休息之交代，必不可不适当。

各筋肉不可不悉运动，即手腕、身、足之筋肉，依由游戏体操及此外全体之运动。手之筋肉，依图画、习字、手工等。发声器之筋肉，依说话、唱歌等而练习之。

第三节 神经装置之卫生

觉官之刺激，不可过弱，亦不可过强。例如强烈而神速之光线与朦胧之光线，皆有害于眼也。

觉官当使清洁。

使用觉官，不可过久。久过，则有使之痴钝之虑。

欲多面领受外界之事物，当练习一切觉官。

心意之活动，即脑之使用，当由渐而多，其始以少为宜。

心意之活动，必间以适当之回复时间。即于教援时间中，当插以休息时间。

睡眠之分量，当依年龄而斟酌之。即年少者比年长者不可不多眠。

已就眠之儿童，不可亟呼之使起。急遽则恐搅乱神经之作用。

就眠之前，不可为身心上激烈之活动。不然，则使睡眠不安。

昼间当使儿童十分活动，则夜间自能酣睡。

注意：卫生上详细之研究，让诸卫生学。上之所述，唯摘记其梗概耳。

第三章 训 练

第一节 训练之意义

道德者,教育之最高目的,故教育之方便,皆不可不达此目的。然管辖幼儿之心意者,非道德的意志,而自然之欲望也。故教育者当整理此欲望,以使渐进于道德。即于一面依教授以养成道德之思想,一面依训练而教育儿意之意志。教授之对道德为间接,而训练直接也。今下训练之定义如下:

> 训练者,欲导儿童于道德之生活,而加于儿童之意志之直接作用也。

第二节 训练之种类

家族及学校之生活,至庞杂也。因之教育者与儿童之关系,亦至复杂。故训练时所当行之手段,亦甚多也。

今举其第一手段,即使儿童领受善,以为道德上之要件是也。善于一面依示例（模范）直现之，一面依言语领受之。然不可但以知善为足，必以行之为务。又使儿童行善，同时又不可不防其恶。其手段如看护、习惯及作业等是也。最后，当使其好善恶恶之念日益巩固。此时所需之补助手段，赏罚是也。

第三节　示　例

秩耳列尔揭为教育者第一之要件如次，曰："教育者于其所望于儿童者，不可不自践之。其使儿童为之者，不可不自为之。"此可谓以一语道破教育者之资格者也。苟欲使他人善良，自己不可不先为善良之人物。示例之感化，其力比之他种教育作用，实甚大也。

儿童之模仿力极强。见其所尊敬、亲爱之人之行为，则己欲为之。示例者，以善行示之于目前，其确实非喋喋施训诫之比。且命令、劝告等，非儿童稍生长而解事物之后，不能施之。示例则不然。自襁褓之中，己不识不知，而与以强大之感化。罗马哲人珊奈楷论示例曰：

言语教之，示例破之。
依教训久长而少功，依示例短而有效。

此之谓也。示例之最早者在家族，而母又其中心也。斯迈尔斯曰："贤良之母，一家之磁石也。"母之占教育上重要之位置，以是可知。教师之示例，亦极重要。教师平日之为人，所及于儿童之感化，比之教训、命令等，其效甚大。

其次，学友之示例，亦有效也。所谓学风者，不外学友间之示例，故教师当率先示全校以良模范，而作善良之学风。

第四节 言 语

言语依儿童之年龄性质，及一时之情事，而变其形式者也。对幼年之儿童，多用命令、许可、禁止等。对年稍长者，则以劝告、戒谕为主。又有时用承认之形式；有时用非难之之形式。所期于训练者，运用此等形式，而操纵得其宜也。

一、命令及许可、非拒

命令有命以某事当为，及命以某事不当为之二种。其必要之条件如下：

（一）命令不可不为道德的且合理的。即命令当从道德之原则，决不可出于一时之任意，又不可不适于儿童之能力。

（二）命令不可不统一。即父母、教师所命令者，当本于同一之主义，而不可彼此互相冲突。又一人之命令，不可因时、因地，而自相矛盾。欲谋命令之统一，当于熟考之后发之。

（三）命令之形式宜简单而明确，又同时不可不带好意的音调。

（四）命令不可不节其数。多用命令，则使儿童之自治心不能发达。

命令之大体，须集之而为规则，使儿童预知之。规则以为儿童所预知之故，故其服从之也，较一时之命令易。

许可及非拒，乃对儿童所提出之事，而许之、或拒之之作用也。此际之许与拒，亦须确实合理，且含爱情及好意。对儿童之正当提出者，以冷笑、轻侮拒之，大不可也。

二、劝告及戒谕

及儿童稍长，渐辨事理，则当少用命令，而代之以劝告，以使儿童达道德上之自由。劝告者，让儿童之意志，自思虑之而决定之，以向于道义者也。

若用劝告之法，而戒某行为之不可为时，谓之戒谕。劝告及戒谕，其判决任诸儿童。故比之命令及许可、非拒等，更有教育上之价值。然于儿童之意志未坚、知识未广时施之，反害道德之发达。

三、钓语及恐吓

钓语者，预言善行之快乐之结果以励之。恐吓者，预言恶行之苦痛之结果以戒之。用此手段时，不可不注意于下文所述之要件：

（一）钓语及恐吓，不可多用。夫行为之结果，以儿童自发见之、自经验之为良。且教师若屡用钓语与恐吓，则儿童必但依结果之利害而动作，而大失道德之本意。且钓语非所以买儿童之服从者，而以儿童之善意既存，更欲增其欢喜而用者也。

（二）预言赏罚之际，必不可不实行之。不然，则失教育者之威信，儿童有不奉其命者矣。

（三）钓语及恐吓，不可不为道德的及合理的。即教育者之用此手段也，常不可不依良心。就无目的、无理由之事项，而用此手段，最不可也。

四、承认及非难

教育者承认儿童之善行，而表其满足；或非难其恶行。此二者皆训练上必要之手段，而深其好善恶恶之感情者也。

承认者，不必限于成功之行为。虽稍有缺点而未尽成功者，若对其善意而承认之，而使知有成功之望，则自起兴味。且示其意见之与儿童一致，大足以唤起儿童之热心。儿童若如何用力，而不能得教育者之满足，则其热心为之痿痹，而教育失其生气。然教育者之表其满足时，不必用称扬之词，但用"可也"、"是也"等简单之语，或由颜色、音调、首肯等，以表其意足也。称扬过甚，则使儿童骄慢之心，非无弊也。又教师对一二生徒之称扬，不可不节之。不然，则生他生徒之猜忌心，或疑教师之偏颇。要之，与他生比较而称扬一生，或非难之，皆教育上所禁也。

非难若适宜用之，其效亦不少。其所当注意之要件如下：

（一）非难不可不正当。无谓或苛刻之非难，而唤起儿童之恶感情者，皆所当禁也。又加非难时，有当注意者，即儿童何故而生此过失乎？即其过在于己之命令之不明欤？或示例之恶欤？或教授之拙劣、训练之不宜欤？皆不可不熟考也。若认儿童之行为果可非难，则当注意于非难之不过度。

（二）非难时不可不含爱情。若用嘲弄的口调，或起激怒，甚有害也。

（三）非难不可陷于无力之哀恳。哀恳者，增长儿童之骄慢，失坠教育者之威严者也。

（四）非难之语须简单，且不可屡用。若言语过长，则恐挑起儿童之反情。度数过多亦然。反覆同一之言语，不如以颜色示意之为有效。

（五）加非难时，当于他生徒不在时为之。

第五节　习　　惯

于训练时，不但以使儿童收得道德之观念为满足，必使实行之。即当以道德为一技能、一习惯，而与日常之生活不须臾离为务。

幼年时习惯之范围甚狭，且有形的也。及其生长，其范围渐广，且其性质亦渐高尚。即其初使其起卧、饮食、运动等，有一定之秩序，及有整理器物之习惯，进而养成其清洁、精勤、节制等之习惯，更进而使有诚实、好意、从顺、沉着等之习惯。而养成善习时，一面又当去其恶习。去恶习比之养善习更难，故当于渐染未深之际，早处置之。

造习惯时，当使屡屡反覆，而确实行之，则教育者当实行善良之行为，以示其模范。次依命令、劝告等，以促其实行。最后当注意其果实行与否。其必要之条件如下：

（一）当早为之。

（二）当不挠不屈，以渐而进。

（三）目的未达时，不可放弃之；既达后，不可不维持之。

第六节 作 业

兹所谓作业者，总称一切有意之活动。而游戏及此外儿童之所自行者，悉包含之。

儿动欲活动之意极多，苟能适宜养护之，不独有益于身、心之发达，对道德上之训练，亦大有价值者也。儿童之活动之欲望，当由散步、游泳、游戏等无害之事满足之。游戏防儿童之恶戏，且以与他人共乐，得以养成其协同心及同情。故教育者当与儿童以适宜之游戏，己亦入其中而诱导之。

游戏时所用之玩具，最宜注意者也。市上所贩卖者，唯以钓儿童之嗜好为宗旨。其考教育上之利害而作者，殆无也。夫以幼时教育之紧要，而以其所最爱之玩具，委诸营利者之手，岂不危险乎！故教育者当自作玩具，以使适于儿童身、心之发达。

儿童渐长，则当自自由之游戏，而导之为整然之游戏。如纸细工、黏土细工等一定之作业是也。

于家庭及学校所为之业务，亦为一作业，而训练上必要之手段也。夫怠惰者，诸恶之萌芽，当使自幼时不染此恶习。然所以课儿童之业务，必与其能力相应，使彼喜其成功。于学校之教授时，用适于儿童之材料，务使自悟之而自为之。如此不但于教授上生有益之结果，于训练上亦极有益也。

第七节 看 护

防过失比之改过失也较易。而防之之方便，谓之看护。然看护不独防其过失，又当使之行正义。儿童之身、心上濒于危险时，又欲使尽道德上之义务时，当加以看护之法也。

看护之必要，虽如上。然行之过度，则害儿童独立心之发达，且伴以种种之弊害。即于父母、教师之前，虽慎其行为；然离其看护监督，则忽为恶戏，亦误用看护之弊也。

行看护时，当多与儿童交际，共游戏、共作业，而于其间不知不识看护之。然亦有遇不得已之事，而必行纯粹之看护者。又看护时，不可为不当之处置，如秘密探儿童之恶事，或使学友互相告发，皆教育上所宜禁也。

第八节 赏　与

一、赏与之目的

教育的赏与，乃使儿童之为善行者，起喜悦之念，使益进而为善行者也。夫于教育上所当养成之德行，在使儿童不问赏与之有无，而为所当尽之义务。故与世间一般之赏与稍异，即与其谓之赏与，谓之表教员满足之标征为适当也。则夫预悬赏而买儿童之从顺者，固非赏与之本旨也。

二、赏与之必要

有反对教育上之用赏与者，曰善者，唯为善之故而为之耳。依赏与而为善，不得谓之真善。故教育儿童而用赏与之方便，则当动其好赏与之感情，而失道德之本旨也。此说固甚有理，然唯误用赏与时，始有此弊耳。若其应用得宜，则可无此弊。且"善者为善之故而为之"之格言，非谓考其行为所生之结果为不可也。为他人尽力而尚有余地，则为其自己计，亦何不可之有。则与赏而使思其结果之快乐，亦非可概斥之也。且儿童与成人异，成人能商量善之价值，不问赏与之有无而为善，然儿童唯为目前之刺激所左右耳。故父母、教师依特别之手段即赏与，以奖其为善，亦不得已也。

三、赏与之性质及分量

赏与之性质，以自然为贵。即须与行为之种类相应，而使儿童思为自然之结果。例如勤读之后，许以休息及游戏。诚实之人，与以信用是也。儿童渐长，赏与之种类，亦当渐用精神上之物，如书籍及赏牌是也。赏与之教育的价值，非必依品物之良否。若授者与受者之间，充以亲爱之情，则琐末之物，反优于高价之物。

赏与之度，必不可不少。不然，则儿童惯于得赏。至为赏与之故而为善，故平时但以颜色或言语，表其满足可也。

第九节 课 罚

一、课罚之目的

赏与之反对，课罚也。课罚者，儿童之行为有缺点时，欲戒其将来，而与以苦痛者也。儿童由课罚而悟恶行之苦痛，悔己之恶而自改之，此则课罚之目的也。

二、课罚之必要

卢梭以课罚为不当之手段，而举其弊害，曰："课罚者，增长儿童之利己心，其避恶就善，唯为惧罚故耳。破道德的自由，而得奴隶的习惯。名誉心日以失；对教育者之嫌忌心日以长。亲爱与信仰之心，亦因之而坠地。"然卢梭所言之弊，只于烦苛不当之罚见之耳。若稀用之，则不至流于奴隶的服从。以亲爱之情及熟练之法课之，则不至害师弟间之感情。及失其名誉心，不独无此等弊害，且能使儿童由此而自知其过失。悔而改之，以更求教育者之满足。然则课罚之弊，非课罚之罪，而在运用之方法不得其宜耳。且儿童非能因善之故而为善，及因不善之故而不为不善，故用课罚之方便而渐渐诱导之，亦不得已也。

三、课罚之要件

（一）教育者当预防儿童之过失，而以能少用课罚为务。

（二）儿童若有过失或不德之行，教育者当先自反省，而求其过失之原因，思量自己有致此过失之责任否乎？

（三）教育者当自修养其自制、温和、忍耐诸德。不然，则有乱用课罚之弊。

（四）课罚唯加于道德上之过失。

（五）课罚不可苛刻。

（六）课罚之种类，当与其所犯之罪相应。例如罚虚言以不信用是也。

（七）课罚当依儿童过失之性质，而加以多少之斟酌，然不可使他儿童有不公平之感。

（八）课罚当以熟考、自制、公平、热心及亲爱之情行之。

四、课罚之种类

课罚分为三种：名誉之罚、自由之罚及体罚是也。

行名誉之罚时，不可因此而消去儿童之名誉。用非难之言语，及示不满之颜色，皆此种之课罚也。于学校下其席次，及使起立于一定之处等，亦属此种之课罚。

自由之罚，对幼年之儿童，有显著之效力者也。如夺其散步时间；或于授业时间外，留之学校，而使攻课业等是也。但行此罚时所为之课业，必须有益者。其不要而难学者，例如使暗诵无用之长文，大不可也。且毋使儿童以其课业为课罚而嫌忌之，尤此际所当大注意者也。

就体罚之事，诸家之说不一，如地斯台尔威以此为有害无用者也，谓"葡萄酒不能以荆棘造，善良之品性不能由体罚生。"开尔反对之曰："当训育顽强之儿童，戒谕、恐吓皆无效时，终局之手段，唯有夏楚耳。"然苟非万不得已，决不可漫然用之也。

第四章 教　授

第一节　教授之目的

　　教授之直接目的，在知识、技能之传授。然但以传授为旨，则陷于器械的学习之弊。而但以得外面之知识为满足，所谓教授唯物论是也。如学校之以得知识之多少试验儿童之学业者，及世人之由儿童得知识之多少而品评学校者，往往陷于此弊。教授真正之目的，在使儿童天赋之诸能力调和发达，而陶冶其为人。则教授时不当以授观念、造概念为足。必由之以养成高尚之感情、兴起善良之意志，以陶冶道德的品性。然但以陶冶为目的，而不问其所传授之实质如何，则其教授必疏漏。且不能达其所谓陶冶之目的。此即极端之形式主义也。盖形式与实质，必相待而始奏其功。则依有益之实质，而为有效之陶冶，乃教授之真正目的也。

第二节　教材之选择

　　教授之材料，当由前节所述之目的定之。即一面须适于陶冶儿童之诸能力，一面授以一般国民所必要之实质的知识。由此二要件考之，则教授之材料，当广采各种之知识、技能。然修业之年有限，儿童之能力亦不能无限，于是不得不就种种之知识、技能，而商量其价值，选其比较上有益者而用之。且此材料必有益于国民全体者。采有益于特别之阶级或特别之职业之材料，非普通教育之本旨也。然依地方之状态，而儿童大都为农家或商家之子弟时，则当加多少之斟酌，亦实际上所必要。然此际亦不可深入特别之教育，而付一般陶冶事业于不问。盖深考特别之条件，易出于普通教育之范围故也。

第三节　教材之统一

教材之选择，当广涉于各种之事项，然其间必不可无统一。不然，则徒乱儿童之思想，且因之而弱意志之能力。若教材有统一，则各教科能互相焕发，而儿童之知识，亦成整然之一团体。而欲教材之统一，其必要之条件如下：

一、教材务当互相联络

如地理之于历史，读书之于习字、作文，其关系固极亲密。虽在他科，亦非无可联络之处。如算术之问题中，可插以地理之里程、历史之年数等。及作文之问题，采诸地理、历史及理科等所授之材料是也。如此互相联络，一面增运算、作文之兴味，一面练习地理、历史及理科之知识，使更确实。诸科相助，而教授之效乃见矣。

然各教科，其中各有固有之次序。为欲统一之故，而破坏此次序，使各教科失其独立之性质，又不可谓之适当之方法也。秩耳列尔所谓开化史的教案，以历史上之材料为中心，而使他科之材料统合于此，不免有此弊也。

二、诸教材之排列务用并进之法

排列教材于时间上也,有二法:一为直进法,一为并进法。直进法者,一种之教材授毕,然后授以他种之教材。此欧洲中古之耶稣教学校之三科及七科,用此排列法者也。然纯粹之直进法,殆不见于今日。并进法反是,自始提出种种之教材,使之并行而进。第一年所授者,与第二年所授者,其科目无大差,而渐加深奥。所谓循环而进是也。欲教材之统一,不可不用并进法。然纯粹之并进法,亦过于繁杂。故适当之教案,大体依并进之主义,又交以直进法。

三、一学级之全学科务以教师一人担任之

一学级若以一人教之,则教材之斟酌,得自一人之胸中出,不然则有分裂之病。

第四节　教　案

定一周间或一日间所教授之教科之次序,谓之曰教案。夫教科之难易不同,儿童之活力亦随时而变化,故当考教科之性质,与儿童疲劳之增减之状况,而作适当之教案,教授上之一要务也。今列举其当注意之点如下:

(一)艰难之学科,当于身、心活泼时教之。儿童之身、心,大抵以午前为最活泼,午后则稍疲劳,故多用心意之教科,大抵置之午前为宜。然非谓一切艰难之科目,悉置诸午前也。盖午前之心意,由前夜之睡眠而

复活，故能适于要思考力之科目。然用之过多，则力不能继，故教育者更当注意于第二条件。

（二）多用心之教科后，当以少用心之教科继之。威志曰："心意活动之度，不能时时相同。又最难之事，当于儿童之心之领受力最强、教师之活力最盛时为之。"此人之所知也。故教数教科之际，当以艰难者始，以容易者终。然其教授时间若为四时间以上，则当于第一时间与第三时间授其难者，而于第二时间与第四时间授其易者，以使心之张驰相交代。而关心情之学科，当于心之活泼时为之。又虽在成人，某时间心之状态，与其前一时之所为，大有关系。游戏之后，心之散漫实甚，不能为细密之思考，况儿童乎？要之，自心之劳动之最少度，而渐增其度，不得不谓之反于自然也。

（三）欲保存儿童对各教科之记忆及兴味，故一周间内，当使各教科于适宜之间隙再现。若集算术教授于一周之上半，集理化于一周之下半，不得不谓之不当。特如二三时间教授同一科目，尤所最忌也。在下级之儿童，虽一时间中教授一事，犹不能无厌倦。故教师于一时间内，当随时自一事移于他事，而以新事物再唤起其注意，况至数时之久乎？

> 附言：威志曰："一时间用心无间断，亦成人所不能也。纵一时能之，然儿童因为此事而全消耗其心力，遂至对此事而生嫌恶之情，故教授于一时间内，不可使儿童之用心力，达其顶点。又四五时间中，连授科学，则减杀儿童之力，消灭其归家后为事之勇气，故一面于一时间中，心之劳动，须有张驰；一面于一日内科学之教授，当以图画、习字或手工杂之。"

（四）定教案时当注意儿童之健康。要正坐倾听之教科后，当继以要起立者。多用视力之教科后，当继以少用者。又一时与他时间，当与以休息。食前不可为身、心上激烈之劳运。食后当以消化所必要之休憩时间，皆所宜注意也。

第五节 教　段

当教授一事时，欲使生徒全解其事，而确为其心之所有，则当据心理学之规则，定授时之次序，名之曰教段。此自海尔巴德、秩耳列尔以来，所大倡导者也。然就阶段之区别，即同派中之人，意见亦不同。今由心理上立大体之区别如下：

一、直观之阶段

知识之基础，在于直观。吾人实由实地之经验知觉，而集知识之材料，由此基础，以解不能经验之事物，及无形之理者也。故教授上最宜先为者，在使儿童直接观察实物，或示以模型、绘画，或使之与其前所直观者结合，而由言语以传达新事物。然令欲授一新事物，不可不使儿童之心，适于领受此事物。特如以言语传授者，欲使儿童类化之，必使追想过去之经验，以再现其既有之表象，如是而儿童始能以注意迎此新事物，而以兴味把住之。即如是而新表象始于儿童之思想界，发见其适当之位置也。故直观之阶段，更分为预备及提示二级。然预备之分量与其形式，则因时、地而异。大抵对生徒之年幼者，及材料之远于直观者，其要预备也多；对高级生及直观的材料，其要之也少。又教实物时，则示以其物，而使生徒据其所已知，以判断其为何。问答二三次以为预备足矣。而承前之教授，则行简易之复习，以为预备。

二、思考之阶段

吾人整理直观所得之材料，而考其关系，究其中所存在之理，而得概念或断定者，谓之曰思考。此阶段中，又可分为二阶段，连结与综括是已。连结者，比较新授之事物，与儿童所已知之相同之事物，而示其关系。综括者，造普通之理法及概念也。然新旧事项之比较，既于预备时行之，亦于提示中行之，故有时不必置此阶段。若强以此为一阶段，而比较无甚关系之事物，则徒费时间，乱儿童之思想耳。综括之意甚广。大抵谓以简明之言语，述提示之结果，及以就一实例或一标本所见者，推及于其所属之种类是也。若但以为制造概念、发见法则，则此阶段亦不能不暂缺。何则？概念及理法，非儿童所易知故也。特如关技能之事，以指示模范之与练习应用为主，必使儿童本于观察，积练习与应用，而始能有所悟。故苟拘泥此形式，而必置此一阶段，必不免陷于机械的教授也。

三、应用之阶段

吾人虽有许多之知识，然若不能应用，则不过死知识耳。故教授上当置应用之阶级，使儿童本其所已知之短识，而判断新事物；本其所已学之技能。而利用于他方面。以使既有之知识、技能，日益确实，而更有所新得。此教授上必不可缺者也。即如修身科中，儿童既有勤勉、信义、忠孝等一般之思想，则使儿童自发见其相当之例，或教师自提出个个之例，而使儿童判断之；或由历史传记中，取种种之人物，而说其行为性质，使儿童本其既有之伦理思想而批评之。于言语教授，使谈其所讲读者，或缀之而为文；于算术教授，使应用数理于买卖、借贷等实际之计算；于理科教授中，取新动、植物而使判其属于何种等，皆最有益之练习也。况夫技术之以应用及练习为主者，其要更不待言。

如上所述，教授固不可无阶段，然若立一不动之阶段，而对如何之生徒，如可之材料，皆以此次序教授之，不可谓之当也。要之，实际应用时，当依教科之性质，与生徒之程度，而省略变更之。提示无论何时、何地所不能缺。预备则有时不必要。比较及综括，若材料不悉备时，及授技能之教科，不必行之。应用则当教授之始，亦有不能行者。

附言：教授之阶段，有分为三段者，有分为五段者，又其名亦不一。今略举其例如下：

海尔巴德		明瞭	联想	系统	方法
秩耳列尔	分解	综合	联想	系统	方法
兰因	预备	提示	连结	总括	应用
特尔普翻特		直观	思考		应用
威尔曼		受纳	思考		应用

此外，小学中有用预备、教授、应用三阶段，以为教授上大体之次序者。

第六节　教　　式

教式者，教授时表于外面之作用，而教师与生徒交际之体裁也。其种类如下：

一、注入的教式

谓生徒唯在受动之位置，而教师为主动者也。此教式又可分为三种：

（一）模仿的教式，或例示的教式

教师先示其例，而使生徒模仿之。如体操、习字、图画、读法，属技能之教科，用此教式。

（二）暗记的教式

即反覆诵读必要之文章及格言等。此教式今日用之者少。

（三）讲话的教式

如授修身或历史时，教师为连读之讲话，使生徒默而听之。

二、开发的教式

谓使生徒立于自动之位置，而教师导之而启发其心意者也。此教式亦有三种之别：

（一）发问的教式

教师以发问导生徒，而使之自活动者也。如自个个之观念抽出普遍之概念时，或使回想既得之知识时，常用此教式。

（二）发明的教式，或课题的教式

提出问题而使生徒自动。例如，算术及作文之课题是也。

（三）对话的教式，或苏格拉底教式

依自由之对话，而启发其心意。昔苏格拉底教弟子时，常用之。故又谓之苏格拉底教式。此教式比发问的教式，生徒之活动更为自由，教师但依发问或反对，而助生徒之自动耳。

教式之得失，须由生徒之能力，与教材之性质定之。大抵以开发的教式，就中殊以发问的教式为最优。然亦有时对须用讲话的教式者。对话的教式，其视生徒也过高，故不适于小学之教授。

第七节　发问之方法

发问者，教授中最紧要且最困难之部分也。发问有数种，今依其目的而分之如下：

一、复习的发问

欲使生徒既得之知识益加确实，而由发问以复习之者也。

二、试验的发问

欲试生徒之学力，即欲试生徒进步之如何，而定用某方法为宜时之发问也。

三、教授的发问

授新奇之事项时，或自既授之事项，而造概念时之发问也。
更就发问之形分之，则如下：

一、决定发问

发问之言辞中，已含答词，不过使生徒选择之、决定之耳。例如，"此花是梅否？""鸟有二翼欤，将一翼欤？"等是也。

二、补成发问

举答词之一部分,而使补其他部分者也。例如,"鼠栖于何处之动物乎?""鼠何欤?"等是也。

决定发问,不足兴起生徒之思考。得以"然"或"否"之语答之。于心意之发达上,殆无其效,则教授上不可不废此种之发问。邓来尔谓"用决定发问之教师,心之虐杀者也,当放之于户外。"补成发问反是,能鼓舞生徒之思考,教授上最适切之形式也。

第八节　发问时必要之条件

一、发须向问全级发,然后指名某生徒,使答之。

二、发问时当应其难易之度,而与以思考之时间。

三、指名生徒时,不可依席次,且以遍及全级为务。

四、指名生徒时,不可用代名词。用代名词时,生徒不甚注意,且易纷乱。

五、发问之言语当明晰。

六、发问当适于生徒之力。

七、发问忌冗长之语。

八、发问当有限定,不可分歧。

九、发问之音调当锐敏。

第九节　答辩之处置法

处置生徒答辩之方法如下：

（一）答辩不误时，当别其果从理解上答欤？抑器械的答之欤？或偶然适中欤？若有所疑，则当变发问之体，或用轻微之反驳。若果发现其非理解的答辩时，则务使应用此答辩于他所，以使得其理解。

（二）答辩之一部正当，即答辩不完全时，教师当更依深入之发问，而使生徒自正其误。以其一部误而排斥其全部，则大不可也。

既修正之答辩，当使生徒更覆述之。

（三）答辩全误时，或全不能答时，教师当先考其原因之所在。若其过在教师发问之言词之不适欤？或发问之过难欤？则当改发问之体裁。若不然，而其过在生徒之不注意、不勤勉欤？则当加以非难。而由生徒之怯懦而不答者，亦往往有之。然教师而果真为生徒所信用，则必无此事。又答辩时所必要者，答辩之明晰、完全是也。如幼年级之以练习言语为旨者，必使以全文答之，然在稍进步之生徒，而欲其练习神速时，则以一言半句亦可也。

舒新城 教育通论

目 录

序 / 071

第一章 何谓教育 / 073
  Ⅰ．教育底意义 / 073
    1．语源 / 073
    2．概念 / 074
  Ⅱ．教育底起源 / 076
    3．原始的教育 / 076
    4．现代的教育 / 077
  Ⅲ．教育底需要 / 078
    5．个人的需要 / 078
    6．国家的需要 / 079
    7．世界的需要 / 079
  Ⅳ．撮要 / 080
  Ⅴ．名词释义 / 081
  Ⅵ．问题 / 082
  Ⅶ．参考书 / 083

第二章 教育与学校 / 084
  Ⅰ．学校底起源 / 084
    8．学校底意义 / 084

目录

  9. 学校底由来 / 085
  10. 学校底发展 / 087
 Ⅱ. 学校底职能 / 090
  11. 一般职能 / 090
  12. 小学底职能 / 091
  13. 中学底职能 / 092
  14. 大学底职能 / 092
 Ⅲ. 学校底组织 / 093
  15. 行政组织 / 093
  16. 学级编制 / 095
 Ⅳ. 学校与教育 / 096
  17. 学校与教育之关系 / 096
  18. 学校教育之利弊 / 097
 Ⅴ. 撮要 / 098
 Ⅵ. 名词释义 / 099
 Ⅶ. 问题 / 100
 Ⅷ. 参考书 / 100

第三章 教育与学制 / 101
 Ⅰ. 学制底起源 / 101
  19. 学制底意义 / 101
  20. 学制底由来 / 102

目 录

    21．学制底效能 / 102

Ⅱ．学制底要素 / 104

    22．学制成立与推行的条件 / 104

    23．学制底种类 / 105

Ⅲ．中国底学制 / 106

    24．学制概述 / 106

    25．新学制底由来及其变迁 / 107

    26．现行的学制 / 109

    27．现行学制的批评 / 113

Ⅳ．撮要 / 113

Ⅴ．名词释义 / 114

Ⅵ．问题 / 114

Ⅶ．参考书 / 115

第四章　教育与学生 / 116

  Ⅰ．何谓学生 / 116

    28．学生底特质 / 116

    29．学生底职责 / 117

  Ⅱ．儿童与学生 / 119

    30．儿童底心理 / 119

    31．儿童教育的要点 / 120

  Ⅲ．青年与学生 / 121

目录

  32．青年底心理 / 121
  33．青年教育的要点 / 122
 Ⅳ．成人与学生 / 123
  34．成人教育问题 / 123
 Ⅴ．撮要 / 124
 Ⅵ．名词释义 / 125
 Ⅶ．问题 / 125
 Ⅷ．参考书 / 126

第五章 教育与教师 / 127
 Ⅰ．教师底专业 / 127
  35．教师底起源 / 127
  36．教师底专业 / 128
 Ⅱ．教师底资格 / 130
  37．法制上的资格 / 130
  38．学行上的资格 / 130
 Ⅲ．教师底职责 / 132
  39．对于学生的职责 / 132
  40．教师对于国家及社会的责任 / 134
 Ⅳ．撮要 / 135
 Ⅴ．名词释义 / 136
 Ⅵ．问题 / 136

目 录

Ⅶ. 参考书 / 136

第六章 **教育与课程** / 138
  Ⅰ. 课程底起源 / 138
    41. 课程底意义 / 138
    42. 课程底发展及变迁 / 139
    43. 中国现行的课程 / 140
  Ⅱ. 课程底功用 / 149
    44. 保存社会文化 / 149
    45. 予学生以系统的训练 / 150
  Ⅲ. 课程底组织 / 150
    46. 课程组织的原则 / 150
    47. 厘订课程标准的方法 / 151
    48. 教材底选择与排列 / 152
  Ⅳ. 课程与教育 / 153
    49. 课程底改选 / 153
    50. 对于现行课程的批评 / 154
  Ⅴ. 撮要 / 155
  Ⅵ. 名词释义 / 156
  Ⅶ. 问题 / 156
  Ⅷ. 参考书 / 156

目录

第七章 教育与教学 / 158

 Ⅰ．教学底意义 / 158

  51．教与学的关系 / 158

  52．学习底基础及原则 / 159

  53．教学法底特质 / 160

 Ⅱ．教学底原则 / 161

  54．引起动机 / 161

  55．适应个性 / 161

  56．教学格言问题 / 162

 Ⅲ．教学方式 / 163

  57．方式底分类 / 163

  58．以教材为根据的方法 / 164

  59．以教师目的为根据的方法 / 165

  60．良好教学法底要素 / 167

 Ⅳ．中国现行教学法 / 168

  61．历史概述 / 168

  62．现行的方法 / 169

  63．对于现行教学法之概评 / 170

 Ⅴ．撮要 / 170

 Ⅵ．名词释义 / 171

 Ⅶ．问题 / 172

 Ⅷ．参考书 / 173

目录

第八章　教育与训育 / 174
　Ⅰ．训育底意义 / 174
　　64．训育底对象 / 174
　　65．训育底要素 / 175
　Ⅱ．教育原则 / 176
　　66．训育目标 / 176
　　67．养成习惯 / 177
　　68．引起信仰 / 178
　Ⅲ．训育方法 / 179
　　69．消极的方法 / 179
　　70．积极的方法 / 180
　Ⅳ．训育现况 / 181
　　71．训育现状一般 / 181
　　72．今后的方针 / 182
　Ⅴ．撮要 / 183
　Ⅵ．名词释义 / 184
　Ⅶ．问题 / 184
　Ⅷ．参考书 / 185

第九章　教育通论 / 186
　Ⅰ．教育底范围 / 186

目 录

73. 教育底内容 / 186
Ⅱ. 理论的教育 / 187
　74. 教育哲学 / 187
　75. 教育科学 / 188
Ⅲ. 实际的教育 / 191
　76. 普通教育 / 191
　77. 特殊教育 / 192
Ⅳ. 撮要 / 194
Ⅴ. 名词释义 / 195
Ⅵ. 问题 / 195
Ⅶ. 参考书 / 196

第十章　研究教育的途径 / 197
Ⅰ. 研究方法底分类 / 197
　78. 研究教育的范围 / 197
Ⅱ. 理论的研究 / 198
　79. 人生常识 / 198
　80. 基本常识 / 199
　81. 教育常识 / 201
　82. 专科研究 / 202
Ⅲ. 实际的研究 / 203
　83. 专业修养 / 203

目录

  84．观察 / 204
  85．调查 / 205
  86．实验 / 205
  87．服务社会 / 206
Ⅳ．撮要 / 207
Ⅴ．名词释义 / 207
Ⅵ．问题 / 208
Ⅶ．参考书 / 208

附录

  甲　中文分类参考书要目 / 209
  乙　英文分类参考书要目 / 213
  名词表 / 218

目录

序

我自民国六年［1917］脱离学生生活以后，9年之间有8年为教师，而此8年之中又有二分之一以上的时间为教育教师。两年前，师范学校课程只有教育学——课程标准名"教育理论"——为入门的教育学科，但实际教授时均感学生教育常识缺乏，研究讨论的时间常常消耗于解释名词上面，而不曾得良好的结果。民国九年至十年［1920～1921］，在湖南第一师范任职，因感此困难曾变更一般教育学的体例自编讲义，但因逃不出"教育学"的藩篱，结果仍无成功。十三年至十四年［1924～1925］服务于成都高师，特为教育系预科开《教育通论》的学程，乃将教育学的藩篱完全打破，另拟一种新纲目，就实验的结果看来，似乎还能使初学教育者得一种较有益的指导。本书即根据此纲目编成。

本书编辑的目的有三：（1）给学生以相当的教育常识，即希望读者读完此书知道"教育"是什么；（2）启发学生研究教育的思想与兴趣，即希望读者读完此书知道教育中有些什么重大问题——尤其是中国的教育问题——值得大家努力；（3）指示学生研究教育的门径，即希望读者读完此书后为进一步之研究，亦可依据书中所示之途径进行而不致误入歧路。因之，本书的取材涉及与教育有关之各方面，尤注意于中国教育现状及研究的方法。

本书在谋初学者获得教育知识，故既可为教科书用，亦可为自修及课外阅读用。若用为教科书则望教者注意于问题之讨论,与参考者阅读及实际研究之指导。教者果能将各章及附录中所列之参考择要分门指示学生阅读,并根据为实际研究之指导,照现在师范课程两学分的规定,以36小时教毕,时间上当不发生什么问题。若为自修或课外阅读用书,因每章之后有撮要及名词释义、参考书,全书之后有分类参考书要目及索引,受过初中教育者对于各章本文当能了解,参考也很便利。所以作者很希望此书对于初学教育之学生与略求教育常识之社会上一般人与自求进步的小学教师均有切实的助益。

附录中所开之书目因门类太多,故每类只三数种;又因个人学力的限制,各类书目之选择更不敢为概属精当;惟所有各书,作者均经过目,深浅次序亦略为编制,初学者要分类为进一步的研究,即可依次进行。不过教育学术与事业日新月异的,学者果欲精习教育而有成功,应当时时阅读新著,更当努力于实际研究,力求进步,决不可以书中所示者为限,更不可以已有所得自足。至于有索引原为参考时翻阅之便;读者初次将全书读过,以后如要参考某问题,即可在索引中查阅题目,按照指定页数阅读正文,可免全部翻阅,徒费时间。中国书籍少有编索引者,诚恐初学不明用法,故并述之。

书中所有材料均由平日阅读书籍,服务教育得来,谨在此致谢各书底著作者与各学校各同事!

舒新城
十五年 [1926],六月,南京

第一章　何谓教育

Ⅰ. 教育底意义

1. 语源

　　教育两字是我们最容易听得最容易看见的，报纸上的论文与消息固常常有此，就是日常语言中也不时说及。教育两字既这样通行，它底意义似乎很容易明白了，但是你听得某人说教育而问他教育底意义怎样，却未见得能得着满意的答复。所以真要了解教育是什么，不可不加以适当的研究。

　　因为教育的科学是从西洋来的，所以讲教育的人大概都先从西洋的字义讲起。但孟子说"得天下英才而教育之，三乐也"的话，已有数千年了，而且差不多是中国人大家知道的。我们又何必不先述本国的事而贻数典忘祖之诮呢？

　　《说文》说："教，上所施，下所效也；育，养子使作善也"，育在使人作善，施又施些什么？《学记》说："教育，长善而救其失者也"；《中庸》说："修道之谓教"，而所以行其道者为智、仁、勇之三德。由此，我们知道中国旧日之所谓教育，其目的都在使人为善，其内容不仅限于知识。行为（仁）与体育也一样看重。这是教育底目的观。再看方法又如何？《虞书》说："敬敷五教在宽"；荀子说："以善先人者谓之教"；《易经·蒙卦》说："君子以果德育行"。所谓敷教在宽、以善先人、果德育行等等都是以德化人；用现在教育上的名词来讲，中国旧日的教育特别注重人格感化，而不重视机械的规则。这也可以说是中国固有教育的特点。

西洋的字义又如何？教育两字英文为 education，法文为 éducation，都出于拉丁文的 edueare，而 edurcāre，又从动词 edtlcěre 来的。e 在拉丁文的意义为"出"（out），ducěre 为"引"（1ead），合起来为"引出"。这就是说，教育是要用引导的方法把身心底力量扩张（strengthening of the powers of body or mind）。其目的如何？亚里士多德（Aristotle）"各种学艺都以善为目的"（Everly art is thought to aim at some good）的名言，已足以解答我们底问题了。

以上是教育两字字义的诂释与语源。

2. 概念

语源虽然足以表示古人对于某事的意见，但时异境迁，它决不足以尽托此事底内涵。所以我们于明教育底语源而外，更须明它现在的概念。

教育学者因为各人底见解不同，对于教育所下的定义也很不一样。若我们要一一列举，事实上自不可能；就是择若干重要的意见来说，也有侵占教育史地位的嫌疑而不必。现在只就很平常的事象说。

近来我国教育界有一句很流行的话，即"教育即生活"。这话是杜威（John Dewey）到中国讲演以后［1919］才盛行的。杜威这话底含义，胡适曾经根据他底意见替它定下一个界说："教育即是继续不断的重新组织经验，要使经验底意义格外增加，要使个人主宰后来经验的能力格外增加。"这话要详细说明，自然不是很容易的事，但由此我们可以得着一个重要的概念，即教育是变动的、生长的，其变动与生长正如人类底生活一样。所以他这句话缩写起来，便成为"教育即生活"。

宇宙间一切问题都是由"生"而来，教育为人类底重要事情，自然不能与生活脱离关系。我们此时当问者不是教育是不是生活，而是生活底内容怎样。生底本质是人类同具的，而生的方法却因人而异：乐观者以为寻求快乐是人生唯一的目的，清净教徒以禁欲为唯一的要图；重视群性者以社会活动为至尊，重视个性者以个人发展为前提。我们究竟何去何从？

近来常有人说人类是社会的动物，这话自然很合事理。因为在现在的社会，无论何人，都不能离群索居，一切生活都有赖于社会底供给。我们且不问好群的活动是本能的抑或是习惯的，而在这复杂的社会不能不为这社会的活动却是事实，群性之重要于此可知。然而社会究竟还是一个集合的抽象名词，虽然我们所谓社会是确有所指，但把构成社会分子的个人解散，社会便荡然无存。所以我以为不涉哲学底范围，将"个人"之构成的元素作最后的解析，而以"人"为单位，则个人实是实体。我们要生活充实，应当于充实个人生活时同时谋社会之发展。

人生是变动的、前进的，生活也自然是积极的、进步的；不独物质生活如关于衣食住的事情是日新月异地进步，精神生活如进德修业等等更是如此。孟子说："人之所以异于禽兽者几希"，这几希之差或者就在于人能自强不息地求进步，而禽兽不能的一点上。我们也可以说人类底特质是有创造的生活。

创造的本能自然是我们底天禀，但创造的技能却有待于训练，所以前人底经验与实际的活动都很重要，——因为不以前人底经验为鉴导则易蹈覆辙，不从事实际活动则易蹈空疏——而创造的历程又是递嬗的而非绝尘的，所以现实的事情与理想的期望都当注意——因为离现实则创造无凭依，无理想则创造无归宿。

以上都是教育所当注意的。由此我们得着一个结论说：

教育是改进人生的活动，其目的在为社会创造自立的个人，为个人创造互相的社会；其方法在利用环境（自然环境及社会环境）底刺激，使受教育者自动地解决问题，创造生活。

Ⅱ．教育底起源

3. 原始的教育

教育是否为改进人生的活动，我们可以从教育的起源上去求例证。人类本是动物之一种，其他动物底生活虽然也与人类生活的性质相似，但他们因为幼稚期很短，甚至于无幼稚期，其先天的禀赋常足以支持生活，所以需要教育甚少（如鸟类），乃至于完全不需要（如昆虫类）。人类则因进化特高之故，幼稚期特长，先天的禀赋既不足以维持生活，后天的生活习惯，又须长者导率始能养成，于是教育因之而起。因为人当初生时，不能自由活动，一切生活上的供给均有赖于父母。后来能行走自如，而因人类不能如禽兽之穴居野处，与社会之组织复杂，亦不能独立自存。长者本存种的固有要求，希望幼者能继续生活，且能继续其生活的事业；幼者本自存的要求，亦望继续生长，且发扬光大其未来的生活。于是长者为满足其希望，常于有形无形之中将自己底生活方法传给幼者，幼者也就很自然参与长者底生活活动而习得自存的方法。这种直接参与无形影响的活动，就是教育的施受；而这些活动的目的都在使生活进步。所以我们说：教育是改进人生的活动。

当初民时代，个人生活简单，社会组织更与现今相去甚远。那时个人虽然也曾生存于团体之中，有赖于团体之扶助而生活，但团体之范围只是家族邻里而已，负教育之责者大半为父母，次为家长、乡长教育之内容只是与日常生活直接有关系的事项；教育的方法只是长者底直接示范，幼者底参与活动。在文字未发明以前，一切生活方法，均恃长者传述；这些传述，在现在看来，自然有许多是极不合理的，但在当时的生活上却都有其相当的价值，因为所传述者都是前人底生活经验，在当时生活上曾发生重大的意义。

4. 现代的教育

教育本然在于改进人生，而人类是富于创造性的，初民时代的简单生活自然不足以满其欲望，于是生活的内容逐渐因创造而丰富，社会的组织也逐渐复杂。个人因为生活丰富与社会组织复杂之故，便不能不分工治事，于是对于子女的教育责任，不能完全担负，势不能不请人代劳，这是教仆或私塾的由来。近代交通日便，社会的组织固然日益复杂，而科学发达，更证明儿童有其固有的特质，不是成人底缩型。为适应社会生活计，对于儿童固当施以特殊的训练，为适应儿童生活计，更不可不对于儿童加以专门的研究。于是教育成为一种专业：既不是旧日直接参与活动的方法能奏效，更非人人所能胜任；不独要有专门的人担任教育，并要有专门的地方实施教育。这是近代学校教育之由来。

学校成了固定的教育场所，教师成了专门负教育的人以后，为父母者对于儿女底教育以送入学校为尽责，教师也以代父母为其子女实施教育为其特有的职责。所以教育自成专业以来，与实际的生活愈离愈远。教师的初意，未尝不说是改进生活，但因学校自成一种区域，与真正的社会不相联属，教师更以为自己是社会指导者而不实际参与社会活动，结果遂至学校教育不独与社会生活隔离，甚至于背道而驰。这种情形，现在的中国自然很盛，在外国亦未尝不如此，试读斯宾塞（Spencer）底《教育论》便可知道教育先进的英国是怎样了。所以本为人生而起与改进人生为目的的教育，到现在反得竭力提倡与生活接近。

Ⅲ．教育底需要

5．个人的需要

现在学校的教育虽然有许多不与实际生活相应，但教育的需要并不因而消灭，而且在现在复杂的社会，其需要更大。此需要大概可以分作三方面：（1）个人幸福；（2）国家安宁；（3）世界和平。

人类因为幼稚期长故需要教育，而因为生死问题，更不可不要教育。倘若长者底经验即随其生命以俱去，则幼者重新学习，实不经济之至，而且在此种复杂的社会中也学习不了。这是就普遍的人生讲，不可不有教育。其次就现在的社会生活讲，也极需要教育。从前鸡犬相闻，老死不相往来的社会，个人底生活习惯不易为他人所影响，生活的方法也很简单，只要"日出而作，日入而息"便可安然过去——但亦非有相当的教育不能达此。自科学发达，欧洲工业大革命以后，万里相距，数日可达，人与人之交往日易，彼此所受之影响也日大，社会上的分工日细，需要应付的知识也日多。即使不事生产可以过活，怎样消费，怎样控制自然亦是一大可研究之问题。而况不劳而食，决非人生应有之事。如何劳而后得食，更非有适当的知识、特殊的技能不可。而劳力之效率，又常以知识之高下、治事之能力为进退，更非教育不为功。所以在现在的社会为个人生活与幸福计，教育是必要。

6. 国家的需要

教育对于个人自然是很重要，但个人即有自存的能力，亦不能自活于团体之外，必得生活于团体之中。与个人关系最密切的团体为国家；为谋个人安宁与世界和平均不可不谋国家安宁，即不得不要教育。所谓国家的安宁是对外能独立，不因侵略他人或被他人侵略而引起世界的战端；对内能统一，不因内乱不宁而引起社会不安。现在世界抱野心的国家对于他国常有经济、文化、政治的种种侵略，其大半为教育偏见底产物，我们要祛除这种偏见还得利用教育：因为教育是人人应当受的，倘使国家底教育注意于提倡不侵人不被人侵的独立精神，而使一切人民的脑筋中都具有此种观念，则对外既不致发生无谓的战争，本此精神彼此自处，亦不致发生争斗。这是就立国于大地之上说，国家不能不要教育。还有，一国有其特有的历史，这些历史都是由国内已往的贤哲底精血构成的，既费前贤底精力，复足为后人底鉴导，自当加以选择而久远保存之。虽然他人也可以代为保存，但一因异国人为着语言习尚的隔阂，不能如本国人知之详审；二因劳他人代庖，便减少他人对于其本国文化护持的精力与时间而妨害他人，均不如我们自己负责之为愈。故为保持一国固有文化计，也不能不要教育。

7. 世界的需要

现在国际的和平虽然日日有人倡议呼号，但已往的欧洲大战甫过，未来的世界大战正在酝酿。人类果真有好战的天性吗？此天性不能化除吗？这无非是为着各国私图不便而发生的问题。桑代克（Thorndike）说："就是最文明的国家，也不曾学得用精明的法官解决国际的争论，用国际的警察防止国家的强暴与国法的破坏。……而明达的见解以为只有教人想着战争为无道的罪恶是唯一可靠的防战策。"他这话骤然看来，好像有点不切实际，但健全的舆论，其防止战争的力量正与不健全的舆论鼓吹战争相等。我们自然知道战争的原因，不尽是由于舆论的鼓吹，还有有关民生疾苦的经济问题，或人类权力欲的满足问题。不过这些问题，都可用教育解决：权力欲的满足，固然可以发展罗素（Russell）所谓创造冲动（creative impulse）去替代，而经济之生产支配问题，更可利用教育养成其生产的能力、知足的精神。倘使一般人受了相当的教育，知道侵掠之非是，并能"自食其力"，个人国家固能安静过去，世界的战争更无由起。所以为世界和平计，非以教育为手段不可。

Ⅳ. 撮　要

1. 中国古训以"效"与"养"释教育，含义与西洋"引出"相类，都在本人类固有的天禀施以诱导，使之为善；教育两字在中国战国时即已有之，并非新从外国搬来。

2. 教育底定义因各人对于教育的意见而有差异。我们以为教育是人生的，所以定义为：教育是改进人生的活动；其目的在为社会造自立的个人，为个人创互助的社会；其方法在利用环境的刺激使受教育者自动解决问题，创造生活。

3. 人类因为幼稚期特长，事事须人扶助，所以不得不有教育；后来生活日繁，分工日细，父母不能兼负教育之责，于是便逐渐形成现在的学校教育。

4. 学校教育因为成了专业，反而与实际的生活隔绝，这层在中国为尤甚，故我们言教育当特别注意于此。

5. 教育要与生活接近；而为个人幸福、国家安宁、世界和平，均不可不要教育。换言之，教育底真正功用在于改进人生而使之臻于至善。

V. 名词释义

　　孟子　　姓孟名轲字子舆，战国时邹人。受业于孔子之孙子思，学成，历游梁、齐、宋、鲁、滕诸国，道不行，退而作书七篇，称道性善与仁义道德，后人称为《孟子》。

　　《说文》　　《说文解字》之简称，汉朝许慎撰，以小篆分为540部，推究六书音义，为言小学（文字之学）者所宗。

　　《学记》　　《礼记》中之一篇，专论教育。

　　《中庸》　　亦《礼记》篇名之一，子思所撰，朱熹撰章句，以之与《大学》《论语》《孟子》合为四子书称为《四书》。

　　《虞书》　　《尚书》之篇名，纪帝尧政象，为世界最古之史。

　　荀子名况，战国时赵人，盛称性恶，与孟子性善针对。著书32篇，后人称为《荀子》。

　　《易经》　　即《周易》，为文王、周公所作，孔子词而发扬之，说宇宙万物消长变化之大法，所包含之思想极其广大。

　　亚里士多德（Aristotle）　　希腊哲学家，为演绎法之始祖。

　　存种　　生物学名词，谓人之继续传衍，目的在保存种族，简称存种。

　　自存　　亦生物学名词，指人之自谋生存。

　　教仆　　古时雅典儿童于7岁时离保姆入学校受教育，另请人伴其往来学校，监督儿童行动；其人虽须仪容端正，衣冠高雅，但于学问毫无素养，不能躬亲教育之事，故称教仆。

　　斯宾塞（Spencer）　　名Herbert，英国哲学家，著《综合哲学》历36年而成。关于教育者有《何为最有价值之知识》及《德育》《智育》《体育》，四篇论文集成之《教育论》一册，任鸿传已将其一部分译成中文，由商务印行。

欧洲大战　　1914年6月奥皇太子在塞维利亚为人所刺，首由奥向塞宣战，次及德、法、英、美、中、日、土、意成为世界大战，至1918年始停止。

罗素（Russell）　　英国数学并哲学家，关于数理、哲学及社会问题之著作甚多，于1920年10月来中国讲学。其著作译成中文者有《哲学问题》《数理哲学》《哲学中之科学方法》等。

创造冲动　　罗素以为人类生活常为两种冲动所支配：一创造冲动（creative impulse），一占有冲动（pessessive impulse），要社会和平当尽量发展创造冲动。

杜威（John Dewey）　　美国教育哲学家，于1919来中国讲演教育哲学、政治哲学及社会哲学、伦理学2年，关于教育的著作甚多，译成中文者有《明日之学校》《德育原理》《学校与社会》等；其教育哲学以实用主义为基础，为各国所推重。

Ⅵ. 问　　题

1. 概述孟子底教育学说。
2. 概述杜威底教育学说。
3. 教育何以要利用环境底刺激改进人生？
4. 教育底目的何以要为社会造自立的个人，为个人创互助的社会？
5. 学校教育何以与实际生活隔离？述自己经过的事实证之。怎样改革？
6. 教育能臻世界和平、国家安宁、个人幸福吗？原因何在？方法如何？

VII. 参考书

1. 郑宗海、俞子夷译：《人生教育》，商务，第一章。
2. 余家菊：《教育原理》，中华，第一篇。
3. 胡适：《杜威的教育哲学》，载《胡适文存》卷二，亚东。
4. 胡适：《中国哲学史大纲》，商务，第十编第二章《孟子》。
5. 斯宾塞尔［斯宾塞］著，任鸿隽译：《教育论》，商务。
6. 梁启超：《先秦政治思想史》，商务，本论第六节。
7. Thorndike, Education, chapter Ⅰ.
8. Nunn, Education: Its Data and First, Principles, chtapter Ⅰ.
9. Dewey, Democracy and Education, chapter Ⅶ.

第二章　教育与学校

1. 学校底起源

8. 学校底意义

学校两字在中国已有很长的历史。孟子说："设为庠序学校以教之：庠者养也，校者教也，序者射也；夏曰校，殷曰序，周曰庠，学则三代共之，皆所以明人伦也"。朱熹《集注》说："庠以养老为义，校以教民为义，序以习射为义，皆乡学也；学，国学也；共之，无异名也。伦，序也；父子有亲，君臣有义，夫妇有别，长幼有序，朋友有信，此人之大伦也。庠序学校皆以明此而已"。学与校在三代时虽为两种教育场所，但教育目的则同为明伦；若用现在的名词解释，则当时的学校教育特别注重于社会秩序与个人德性之培养。五伦之说，现在固多视为迂腐，但从社会学上之观点看来，五伦云云，不过是适于当时社会秩序之公共信条而已；个人要能在社会上为一良好分子，自不得不尊重社会信条，也不能不修养德性以期能适合社会生存。所以学校两字在中国的本义是含有社会目的之教养场所，不只是知识的传授而已。

西洋则不然。学校两字，英语为school，德语为schule，法语为école，均自拉丁语schŏla转变而来，而拉丁语之schola又出于希腊语schole。希腊之schole意为闲暇（leisure）。以学校而称为闲暇之地，读者或者觉得奇异，实则希腊国民是有阶级的，非若中国国民在历史上即为平等，受教育者只限于自由民，奴隶不与。此种自由民在国内为贵族，平时一切劳役，均委奴隶，己则在学校优游度日，以受教育，所以学校称为闲暇之地。

现在所谓学校则参合两种意义而扩充之，其范围很广，凡一群人受教之地都可称为学校，如大学校、中学校、小学校、职业学校、平民学校等等；其正当的意义应为教育人的场所，凡知识、技能之传授，德性、人格之培养，均当负其责任。但实际上现在的学校大半只能负传授知识的责任，技能虽亦有注意者，不过多与社会需要背道而驰；至于人格与德性之陶铸则很少有人注意；而中等以上学校与一部分小学校之校役满堂，供学生教师使唤，很与希腊所谓优游闲暇之地相似。不过这种现象只是变态。从教育原则上讲，学校应为传衍社会文化于青年，使之能自存存种的场所。这样，学校不只是传衍知识与技能而已，并且要适应社会，创造环境；不只是陶铸人格与德性而已，而且要使群性与个性为协调的发展。

9. 学校底由来

前章曾说初民的教育方法只是生活的直接参加，并无专司教育的人，更无专施教育的场所。学校何以成立，其间经过的阶段不少，据社会学及教育史家底意见，学校底构成，完全为社会生活的效率，而经过的步骤有四：（1）伤验（ordeal）；（2）训练（drill）；（3）成人仪式（initiatorly rite）；（4）俗尚传授（instruction in tradition）。初民社会之人民为自存存种计，自然有相当之教育，不过负其责任者为父母，教育之场所只是家庭而已。但父母之生活不是孤独的，必与当时当地之他人有关系，而集合若干人在一处共同生存，便有共同的目的，便不可不为团体谋幸福。往时民智未启，无何种特殊发展团体生活的知能，所持以与自然抗者，惟强健之身体，于是对于加入团体活动之青年底身体特别重视，故儿童达成年或达某团体共同认定之年龄时即予以特殊的试验，如烙体、斗兽等以验其能否容受，而为断定其加入已有团体与否之标准。这种举动自然很残酷，但现在非洲的野蛮民族还是如此办理。训练则较文明，即一团体为生活而需渔猎，或与他团体战争，则驱青年于前锋，使之为实际的活动；渔猎有成，战争生还，便是团体中之优秀分子。成人仪式则含有宗教性质，即因各团体之信条对于青年之某时期举行某种仪式，予受者以种种试探或锻炼以坚定其心志。此种仪式，大概由传说之迷信而成，既成之后，便在社会上有一种无形的势力，足以支配社会上各分子之生活而成为俗尚。凡生存于此社会之分子均当遵此习俗，于是便由长者特别教授，以使幼者模仿以适于生存。此种俗尚既经固定，传衍稍久，便非人人能知，不得不由特殊年长者司传授之责，教宗、牧师由是而出，雏形的学校亦由是而立，因牧师传播教义大概有一定时期，而且听讲者不止一人，很与现在学校教育相似。后来社会生活日趋复杂，生活的知识与技能亦日渐发展，而有分工的需要；于是有权力与资产者以其权力使人或以资财雇人代为教育其子女，而专司教育的学校产生。文化日启，学问日丰，鸿儒硕彦为传播其思想而聚众讲学，如孔子之洙泗设教；或众人相集，聘请大儒讲学亦为事实所常有，此为私立学校之滥觞。及国权发展，教育事业由国家办理，国家以其权力制定法律限制人民就学，以其财力设立学校或补助私人设立学校，于是有公立学校。此为学校形成与私立、公立学校由来的大概情形。

10. 学校底发展

学校之成立虽由社会的需要所驱使，但最初享受学校教育权利者只是特殊阶级，而不普及一切平民。自国家经营教育后，一切人民始有进学校受教育之权利，但大半只限于初等学校；中等教育在欧、美教育者虽然亦曾倡言普及，但实际上还没有哪国办到。所以现在学校教育仍不免有阶级的性质。当学校初成立时，课程内容、教学方法以及组织设备均无一定型范，不过以家庭之愿望为转移而已。迨后交通日繁，社会生活渐有定型，于是有固定型范之学校；及印刷术发明，文字传播便利，学校底组织、课程等等均有机械的形式，而学校教育亦普及各地，学校数量自随之而增。此为学校发展之大概情形。

中国立国最古，教育发展亦最早，即就文字记载之可考者，虞时养国老于上庠，养庶老于下庠，已有国家设立之学校。夏养国老于东序，养庶老于西序，商养国老于右学，养庶老于左学，皆承虞制而易其名。周时政教昌明，除中央之上庠、东序、瞽宗、成均、辟雍外，地方并有塾、庠、序各种学校。汉以后学校制度虽迭有变更，但国家不放弃学校教育，私人可经营教育事业则同。明、清科举制盛，表面上似国家只有考试取士之责，但各学官与公立书院之设立仍为国家事业。甲午战后，中国改设世界通行之新式学校，光绪二十八九年［1903、1904］间并曾由国家制定法律规定学校章程，各级学校之办法与课程均须遵守一定规章进行，而设立学校之地方与数目亦由国家规定，实为中国学校史上之大变动。自光绪二十九年［1904］以后，学校与学生数年有增加，据民国十二年［1923］之统计，除教会学校学生外（教会大学生在内）有学生6，619，792人，学校178，981所，教育费59，424，567元。兹录两表如下：

第 一 表
学校、学生及各校学生平均数

学校种类	学校数	学生数	各校学生平均数	等第
大学及专门	125	34,880	279.0	1
师范学校	275	38,277	39.2	3
师范讲习所	110	5,569	40.8	6
中学校	547	103,385	189.0	2
中等职业学校	164	20,360	124.1	4
初等职业学校	439	20,467	46.6	7
高等小学校	10,236	582,479	56.9	5
初等小学校	167,076	5,814,375	34.8	8
总计	178,981	6,619,792	37.0	—

第 二 表
学生、经费及各级学校每生所费平均数

学校种类	学生数	经费数	各级学生每生所费平均数	等第
大学校及专门	34,880	13,150,424	399.95	1
师范学校	38,277	4,454,265	116.37	3
师范讲习所	5,569	179,654	32.26	5
中学校	103,385	6,600,256	63.84	4
中等职业学校	20,360	2,790,005	137.03	2
初等职业学校	20,467	600,470	29.34	6
高等小学校	582,479	10,089,731	17.32	7
初等小学校	5,814,375	20,759,762	3.75	8
总计	6,619,792	59,424,567	—	—

II. 学校底职能

11. 一般职能

职能两字从英文之"function"翻译而来，即一事或一物之特殊功用。学校之种类不同，其职能亦因之而异，然有一公共之职能，是为适应。适应有两义：一使受教育者适应社会，二对于社会上及自然界各种材料加以选择，使之适应教育底需要。社会组织复杂、生活技能与知识亦随之日趋复杂，昔日之"日出而作，日入而息"，便可诵"帝力于我何有哉"，现在则作息而外，一切生活均与各种社会有极大的关系。乡间农民、工厂工人之重要职务自然是务农与做工，然而一心一意地务农做工，完全不问外事，竟可以不能生存，因为农场作业，工厂工作之秩序，农产物与工业品之销售，均与政治经济有极重大的关系。倘若农民工人不明本国乃至于世界政治经济情形，军事问题发生便可以有形破坏农业与工业，而世界经济有变化，亦可以无形制农产品、工艺品底死命。其他各国立国均有其特殊的精神，为国民者不论其职业如何，亦不问其所信仰之宗教如何，但决不可不知道此种特性，尊重此种特性，而且对于国家不可不爱敬。这种知识全恃学校传给。其他如生活技能、公民德性，亦莫不赖学校灌注陶铸，而社会文化之进步，更有赖于各分子之协调创造；创造力之养成，亦当由学校负责。故使学生适应社会有三种要件：第一，要予受教育者以生活的能力，使之能为独立的个人；第二，要予以国民常识，培养其公民德性，使之在国家中为一个良好的国民，在世界上为一个良好的人；第三，要培植受教育者之创造能力，使之于继承社会文化上的遗产之余，并能创造新文化传之未来。

第二种职能亦可谓之为选择。自然界、人事界的现象极复杂，虽然都可以取为生活上应用之资，但实际上却不能尽取为应用之资，于此不能不有抉择。学校以施教育为要务，对于社会生活、学生个性有相当的了解，对于自然界、人事界之各种现象也有相当的研究，社会与学生之需要如何，自然界、人事界某种现象能适应某种需要，均可预为决定而为之配置。选择之各种要件，课程中将再论及，此处不再详述。我们所当知道者：一切选择要以发展生活（合物质生活与精神生活）为标准。

12. 小学底职能

小学教育亦称国民教育或义务教育，重在普及。义务教育何以要普及？在使国民同受国家规定的共同教育，以增进国民底能力，巩固国家底基础。无论何种国家，其国民教育均由国家办理，不容私人违法经营。教育目的固然是全国一致的，人民就学并由法律强迫之；其所以如此，是因为一国在历史上有其立国的特点，也有其立国的理想，要此特点能继续传衍，此理想能逐次实现，非全国人民共同努力不可，更非全国人民明白此特点与理想不可。负传播与灌输之责者为小学，故小学最重要的职能为使全国民对于国家有一致的理想而共同努力实现。简言之，可称为统一职能。

中国地大物博，各地生活状况不同，教材之选择，教授之方式，自然不能一致，而且也不当一致。然而这种不一致只是实施之节目的变更，不是宗旨的差异。中国国民之居于北方者食麦，居于南方者食米，教材之关于饮食者自当米麦分授，但无论其食米食麦或食其他种种物品，其为黄帝子孙则同，其受外国不平等条约之拘束、受资本主义之侵蚀则一。处现在半殖民地之时代，谁也不能不承认向外求国家的独立，向内求国家的统一是必要的。可是现在中国的小学校形式上虽以施行国家根本教育为宗旨，但外人在国内各地设立初等学校,甚至于少用本国语言与不用本国语言教授者随地皆是。为教育原则与国家前途计,国民对此均当特别努力。

13. 中学底职能

中学校底职能为鉴别与分化。中学教育在世界上尚只有普及的理论,中国数十年间更难有普及中学教育的事实,故不能视为高级的国民教育。而中学生正为青年期,身心方面的变化很大,对于职业之趋向亦渐显明,学校教育应当因势利导,一面注意学生个性的倾向,一面设法适应其个性:前者谓之鉴别,后者谓之分化。我国中学校最初即以施以较深之普通教育为宗旨(清光绪二十九年[1904]张之洞等《奏定学堂章程》)。民国改革,中学校亦以"完足普通教育,养成健全国民"为宗旨,后来因其不适社会需要,民国六年[1917]有增设二部之令,十年[1921]以后,选科制逐渐发民,十一年[1922]颁布之新学制虽未明白规定中学校底宗旨,但就其纵横活动的精神看来,中学校分科日繁,分化的职能亦随之而显,而欲施行分化则对于学生个性不可不先加以鉴别。此为事实之要求与理论相应的实证。

14. 大学底职能

大学校底职能为专攻与导率。大学教育虽然亦有人倡言普及,但实际却难于实现;即将经济限制的问题置之不问,在人性上亦未见得人人宜于受大学教育,故大学校底学生总是人数较少,而其责任却极大。因为现在社会组织极其复杂,一切重要或关系复杂之事业,无论其属于政治、经济、社会,均非有专门的学识不能措置裕如,亦非经专门的训练不能应付恰当。大学校对于固有的文化负选择、保存之责,对于未来的文化负开创之责，对于社会专门事业负供给人才之责。故大学校最重要的职务一面为不计近功孜孜研究学问，一面为指导督率社会改进各种事业。我国大学，前清以端正趋向、造就通才为宗旨，民国以教授高深学术、养成硕学闳才应国家需要为宗旨，大体上无甚变化，惟实际上还未能尽量发挥专攻与导率的职能。

Ⅲ.学校底组织

15. 行政组织

为求办事的便利与效率计，学校有一定人员负执行校务之责，有一定场所为执行校务机关，此人员与机关在办事上均有一定系统，谓之为学校行政之组织。中国旧日的学校如书院、私塾等，一切事情均由山长或塾师处理，固无特殊的组织，现代学校制度因受工业社会组织的影响，一切均趋于分工。乡村较小的学校，如为单级则只有一教师。一切责任均为一人担负，有二、三教师的学校，各种行政上之职务即渐有分工的分配。现在大中小学行政组织上的普通情形，大概分为三部分，即：（1）教务；（2）训育；（3）事务。教务专处理关于教科的事情，如功课表之配置、教科书采用等事属之；训育处理学生课外行为上的事情，如课外活动之指导，寄宿生之管理等事属之；事务处理关于学校日常生活的事情，如银钱收支、校舍修理、饮食配置等事属之。各校因特殊情形，设立其他机关负行政之责，虽名目稍有不同，但性质则不出上述三种范围之外。各部分有特设的人员或由教师中指定专员负专责，并有辅助人员分理其事。通例，校长为全校行政领袖，对外代表全校负责。

学校行政组织中有几个重要问题我们不可不知道：（1）学校大小；

（2）合议制与独裁制的利弊；（3）教职员职责之分配。所谓学校的大小即学校以容纳若干学生为度。中国私塾与书院收纳学生，本无一定规则，但因为系个别教学之故，学生为数常只数十人。现在的学校则仿照工厂大批制造的方法，一校常容收数百人以至数千人。此种人数众多的学校，在学校行政上似乎是很经济（因为一校长，一教务、训育、事务主任可以处理数千人的事情，若学校只有二三百学生，亦需这些职员）；但教育之要点不只是知识的传授，尤重在人格的陶铸。一校数千人，同学固无由相识，教师除直接教授之若干学生外，更难与其他学生发生关系，即教职员之间除在职务上有必然关系而有往来外，最多只能在同学录上识姓名而已。校长对于教职员或者能完全认识，对于学生则绝难人人相识。同事、同学以及师生之关系如此，当然难于发生深挚的感情，无怪一般人视学校为贩卖知识之商场，师生为店东与顾客，而叹私塾时代师生如家人之情谊不可复得！至于学校较小者，同学、同事与师生之间接触的机会多，彼此易于了解，人格也易发生影响，虽然在行政是小的学校，效率上不及大的，但质却优良多多，我们宜加意提倡。至若小的学校标准如何？亦一难解决之问题。就团体生活与个人能力两方估计，中小学校，学生以100至200人为度；至大学因分科设备上之便利可多至数百人，以大学生年龄较大，知识较丰，学问行为不必如中小学生之事事赖师长扶育，可随其性向自由发展。合议制与独裁制的区别，即前者关于学校事务由若干重要人员集议决定而后执行，后者则由一人裁决施行，照我国学校现在的组织完全为独裁制，因校长受委于官厅（江浙等省系聘任），有全权进退教员、支配校务，教师与校长为西宾与东家之关系，校长纵欲采合议的精神将事权分隶多人，或遇重要事件咨询多人而后施行，但在法制上仍为校长之便利而非必然的规定。此为法制引出的事实问题。至理论上则独裁制完全靠人治，校长得人，校务可以不受束缚而有长足的进步，不得人亦可以败坏不堪。合议制若植基于法律之上，则为法律制的，校长得人与否之影响较小，校事可以按部就班进行下去。此又我们所当提倡者。教职员权责分配是行政中一大问题。照现在情形，教员与教职员几截然两途：通例教员只负教学甚至于只有上讲堂讲功课的责任，对于校中行政一概不问，职员则专理行政上的事情，彼此不谋；同事既易生隔阂，学生对于职员因其不任教课或督责而有轻视与敌视之念，对于教员因其不明学校情形或无权处理关于操行上之事情而有蒙混或放纵之弊。由此发生的流弊既足以使学校少敦厚诚挚的精神，教育上之效率亦随之而减。较好的办法是使教师于教课外对于学校行政负一部分责任，职员于担任行政事务外，并教若干功课，虽职责各有偏重，但同事、师生间之隔阂可以减少。不过国内中等以上学校（小学职教员不分者为最多数）实行此种办法者为数甚少。

16. 学级编制

集多数学生于一校，因其年龄、知识上之各种差异，不能集合在一处施同一之教育，亦不能不问其程度如何以同一的教材教之，于是为教授与学习便利计，有学级的编制，中国学校通行的编级方法有单级制、二部制、年级制、学科制、道尔顿制几种。单级制是合多级学生于一教室教授；例如全体学生40人，就程度与年龄之差异有一年生15人，二年生10人，三年生9人，四年生6人，但全校只有一教师，势不能分教，而各学生又均系日间就学，不能用二部制，于是将四级学生合在一个教室教授。一教师同时要顾到四级学生之教课，只有多使学生自动，而将复习与新授的功课配合适当，使各级学生得相当时间的直接指导。此方法多行于乡村小学，间亦有于主任教师外延请助教或指定年长学生相助者。二部制是将学生分为两部分，一部分在上午上课，一部分在下午上课，其所以如此编制是为学生就学之便，即有些学生上午无时间就学，有些下午无时间。此制大概行于都市工商业发达之地，但在中国不甚多。年级制是将学生于入学时,将其各科程度加以试验编定年级,以后即按照各年规定的课程逐次学习,年限完足即行毕业,其中虽因程度低劣而有留级者(即留一年),但超越升级者则无有。此为现在最普通的编级方法,其弊在过于机械,不能适应优等生与劣等生之需求。学科制以学生对于某科之成绩为单位,如国文有二年级之程度,算学有三年级程度,国文即在二年级授课,算学即在三年级授课,其他各科如之;但大概有一定限制,即各科年级之距度不能超过2年或3年。此方法大概行于较优良之中小学校。道尔顿制为近数年来之新方法,曾于民国十一年至十三年[1922~1924]之间风行一时。此制为美国柏克赫斯特女士所创,盛行于英国。其编级方法以个人程度为标准,可以随时伸缩,例如某生之国文程度甚优,算学甚劣,他可把学习国文的时间改习算学,各科在一定期间内(1星期或1个月)可以自由支配各科学习时间,但各科之进程却要一致。此制重个别学习,故班级教学减去一部分,通行于江浙等交通省份之一部分小学及极少数中学。其精神很有许多与中国旧日的书院制与私塾制相通,方法则较单级制便利,乡村小学很可采用。

Ⅳ. 学校与教育

17. 学校与教育之关系

一般人以为进了学校便是受教育,否则便不是受教育。学校为施教育的一种重要场所,进学校的人自然不能说他不是受教育,但以进学校等于受教育却不免错误:第一,因为教育的机关不只有学校,受教育的机会也不只有在学校,例如剧场与图书馆固系有组织之社会教育机关,而人民参加政治、社会种种活动亦可得相当之教育。第二,因为现在的学校在形式上虽为施教育之重要机关，但实际上却不能尽量发挥学校应有的职能而予学生以人格的陶铸。所以学校与教育之关系虽很密切，但教育不尽在学校之中，这条原则我们不可不知道。因此，在国家法律上既经规定义务教育为强迫的，一切人民均当尊重国法而入小学校，中等以上之学校固然也有可进的权利，当进的义务，但处此教育不曾普及之中国，为经济及境遇之限制而不能进中等以上之学校亦毋庸悔恨，更不必自侪于不受教育之列，只要努力自学，其成就也难限量。世界科学家、大发明家，如克罗泡特金（P. A. Kropotkin）、法拉第（M. Faraday）固不曾受完全的学校教育，其学术上之成就，更不曾由学校得来；中国旧教育素重自学，历代大学问家之造诣，更多由自学而来，此种精神实有保存发挥之必要。故我们一面固当努力求学校教育之扩充，增加一般人民受教育之机会，而在过渡时代因各种原因不能受完全的学校教育，亦可自学以冀成功，而不必自馁。

18. 学校教育之利弊

现在学校管理组织等等均有工业化的性质，对于团体的训练，治事的效率均优于旧日的学校制度。分析言之，有下列几点为私塾制与书院制所不及：

（1）团体训练方面：书院与私塾虽亦集若干学生于一堂，但学生在校相处只是散漫的个人而无团体的组织，现在学校的学生则各依其学力或兴趣之所近而为分团的组织，学校生活有一定的规律，实是一种团体的训练；学生在校过惯团体生活，出校易于适应社会。

（2）效率方面：教师可在同一时间教授数十或数百学生（大学讲演），在教育者之时间上既很经济，而设备可以公用，金钱亦较节省；其他校务亦因行政上有一定系统而易于处理。财力精力既省，教育较易普及。

（3）高级小学以上的教师大概为专任，教师可就其性之所近的学科专门研究，以其结果分施学生，学生可以得专家指导，而省去试误学习的时间与精力。

（4）学校组织有一定系统，国家公共的教育目的可易实现。

"凡事有利必有弊"是一切事业之通例，学校教育亦不能外此原则。现在学校教育最大的弊端在于不能使学生个性得尽量发展，其次则团体活动有限于机械性的危险。兹分析言之。

（1）发展个性方面：现在的学校因为组织一律，课程与训育方法均采"一致"的精神，特殊学生无论其为天才或低能均不得不按部就班做去，天才既因不能按其能力前进，低能又不得不勉强追进，二者均受牺牲；而且师生之间多为团体的接触，少有机会互相了解各个人之心性，人格的相互影响（学生人格对于教师亦有影响，只是教师人格影响及于学生而已）薄弱。

（2）团体活动的机械性：照现在学校的组织情形，同学与师生几无不为团体的接触（上课），但实际上很机械；因为师生或同学之接触，都为机械的规定所支配，而非出于自然的要求，故公共意识不明了，团体动作难坚固，而且易于互生冲突。

学校既利弊均有，我们决不能因其有弊而将现行学校制度完全破坏之，只问怎样去弊。换言之，即提倡小组织的学校与旧日讲学的精神，使师生、同学、同事之间有共同的理想、诚挚的感情，而将学校教育植基于人格感召之上，以收群性与个性交互协调发展之效。

V. 撮 要

1. 学校两字中国义为教养之地，西文意为闲暇之所，现在则视为传衍社会文化于青年，使之能自存存种的地方。

2. 学校底起源由于社会的需要；首宗教学校，次私立，次公立；现在各国学校教育，大半为国家经营。中国学校发达甚早，但至今则初级小学尚多为外人经营。

3. 学校底一般职能为适应与选择，小学校之特殊职能为统一，中学校为鉴别与分化，大学校为专攻与导率。

4. 行政组织之重要问题有三：（1）学校的大小；（2）合议制与独裁制的利弊；（3）教职员职责之分配。实际上中国现时的学校组织为大规模的，行政为独裁的，教职员对于教课与行政事务为截然划分的，在原则上则组织以小规划，行政以合议，教职员职责以混合为宜。

5. 现在中国学校学级的编制有单级、二部、年级、学科、道尔顿制诸方法，以年级制为最通行，学科制次之，单级只行于乡村小学，二部行于极少数都市学校，道尔顿制行于少数优良中小学校。

6. 学校为施教育之重要场所，但教育之施受不只以学校为限，家庭及社会上之各种机关均有机会施受教育。现行的学校制度虽然优于团体训练与办事效率，但对于个性不能有充分之发展，尚有改良之必要。

Ⅵ. 名词释义

朱熹：宋人，字元晦，讲学以穷理致知、反躬践实与居敬为主，著有关于易理、小学、性理之书甚多。

学校，学堂：前清称学堂，民国改元称学校，二者含义无差异。

山长：书院中之掌教者，约等于现在学校底校长。

不平等条约：国际条约有单务双务之分：单务即一国负特殊义务，他国享权利；双务则权利义务互相对等。中国自1842年鸦片战争至今，与外国所订条约均为单务的，此单务的条约即不平等条约。

半殖民地：离去母国移居他方从事垦辟，而仍服从本国法律之人民，谓之殖民，其所在地为殖民地。母国对于殖民地遣官治理，并强土著服从其法律；半殖民地即国家主权之一部分落于外人之手。中国内政外交常为不平等条约所束缚而不能自由施行主权，故称为半殖民地。

克罗泡特金：俄国人，倡互助论。

法拉第：法国人。发明电解量定律（Quantative Law of Electrolvsis）

VII. 问　　题

1. 学校两字之中西意义如何？以何者为较适当？现在的含义如何？

2. 述中国现在学校发达的情形。

3. 小学校何以以统一为最重要之职能？对于外人经营小学校有何方法使之实现此种机能？外人何以不可代营国民教育？

4. 假如你是小学毕业生，对于小学校之实际经验如何？述其优劣点与改进之方。

5. 现在的行政组织何以当改进？学校经济不分开是否与独裁制有关系？怎样改革？

6. 学校编制以哪种方法最适宜于小学校？哪种最宜于中学及大学？

7. 述你在学校所得的益处与所感的苦痛。

VIII. 参考书

1. 余家菊：《教育原理》，中华，第七章。

2. 郑宗海译：《教育之科学的研究》，商务，第七、十、二十一章。

3. 李步青：《新制教育史》，中华，第二、四章。

4. 张荫麟译：《葛兰坚论学校与教育》，载《学衡》第42期，中华。

5. Henderson, Principles of Education, chapter XV, XVI.

6. Ruediger, Principles of Education, chapter XIV.

第三章　教育与学制

I. 学制底起源

19. 学制底意义

　　什么是学制？很简单的答案是"学校的系统制度"。我们若把此七字分析来讲，应注意：（1）学校；（2）系统；（3）制度三事。换句话说，只有学校，而无系统组织及为国家法律所规定，不得据为"学制"。在事实上，中国各地都有私塾，其教学精神与方法亦大半可通行于各私塾之间，而且因为义务教育不曾普及，国家亦勉强认其存在（因为要受取缔，故为勉强容认），但我们不能称之为"学制"，就是因为它不合上述的两个条件。故真的学制，第一，要有学校，组织、行政、教学、训育各方面的要旨须共同通行于一国之内，而为国家法律所规定或承认；第二，要有一贯的系统，即学生能按照一定年龄继续入其年力相符之学校以求学。

　　"学制"两字底意义，照上面解释已经很明白，但是有许多人常把它与教育制度混为一谈。实则教育制度底范围很广，有教育宗旨、教育行政、教育方法、教育经费、学校制度等等，学制不过其中之一部分，决不能混而为一。教育制度在教育研究上诚然也很重要，不过我们注重在教育常识，而学校制度与我们日常生活的关系最密切，——无论何人都当进学校，无论何种父母都当送子弟进学校，均不能不受学制之支配，——教育行政多关系于办理教育事业者，教育经费大部分属于国家政策底范围内，与一般人底关系较少，故只述学制而不及教育制度。

20. 学制底由来

学制不是凭空产生，是以社会需要为根据的。初民固无所谓学校，更无所谓学制，后来社会组织日繁，分工日细，专施教育的学校成立，一般专负教导儿童责任的人因着社会的需求，创出一些适应社会需要的教育方法，逐渐为一般人所采取、模仿，而成为一种通行的规律。此时国家为谋全国人民的便利，斟酌社会上已通行而最有效的教育方式而加以法律的规定，使全国照行；等到社会需要变迁，学制也跟着修改。这是学制构成的普通情形。

但学制的构成也有与此相反的，例如中国自前清变法以后的学制，都是先在纸上凭空造成一种系统的图案形式，然后再照着去办学校。这种办法虽然很简单，但总难适用；因为初定学制系统图案时，既不注意于调查社会的情形，以社会的需要为根据，制图的标准便只有两种：一是凭少数人的主观见解，二是抄录外国已成的东西。此种"急就章"，虽然在后进的国家难免不采用，但因为太急的缘故，常常发生很大弊端而使国家、社会都受很大的恶影响。所以学制的构成要以第一种为正轨。

21. 学制底效能

学制既由社会的需要逼促而成，学制底效能当然是适应社会需要。然而对于国家还有两种重要的职能：第一，是谋国民精神之统一；第二，是谋国民能力的增加。我们说过教育是改进人生的活动，无论何人都当受教育，但各人应当受什么教育，教育者用什么方式去施教育则不可不以各人底个性与此时此地的需要以为衡。学制是国家用法律规定的一种教育方式，在此规定之内，自然有许多细节可以按照国内各地的情形与各个人个性底差异而任国民自由伸缩，但学校系统底要素，如学年之规定，学校种类之区分，却是根据国性国情而定。法律之施行既有强制性，则学制规定4年义务教育，人民受义务教育之时间最少当为4年，如为6年亦当为6年；而某种学校实施某种教育，国民之入某种学校者，最少亦当实受某种教育而有某种能力。倘国民是遵守——而且应当遵守——法律的，共同遵行学制上所规定的种种，国民底精神无形之间已有统一的结合，而国民底能力也可因法律的督促与互助的精神而增高了。

学制对于教育的进行还有许多便利。一国有了一定的学制，教育者即可照其规定按部就班进行，可以省去许多在学年与学校种类上的踌躇时间；而各级学校都有定型，并可在同一的范围内共同研究各种设施以为改进的张本。而且，学制有定型，办理教育事业者照着办学校，学生按其需要照着进学校，社会秩序也无形受其影响而更井然有条。

学制对于国家、社会及个人自然有许多好处，但因为它是一种定型之故，便又容易流于机械而阻教育底进步。这种弊端尤容易在第二种情形之下构成的学制中发现。俗话说："有利必有弊"，世界上一切事业大概都不能逃此论断，只看运用制度的人怎样趋利避弊罢了！

II. 学制底要素

22. 学制成立与推行的条件

学制底由来虽然有上列两种方式，但从广义讲，都可以谓之为应时势的要求。故某种学制能成立而推行，必有时势的要求为其背景。中国30年所行的学制虽然不大合社会的需要，然而甲午战后，中国决不能再如往日之闭关自守而不能不跟着世界潮流走，也是时势所逼而然。故应时势之要求为学制成立与推行之第一条件。不过时势的要求是偶然，要能长久推行，学制本身还要具备几种条件：第一，要适合国性；第二，要适合人性。无论何种国家，如果能存立于大地之上；必有固有之特质；此特质非少数人所创造，亦非短时期能构成，乃由国中无数先民适应环境的种种活动所积聚遗留而来。无论何种活动都可在社会中留一痕迹，但要此痕迹能长期积留而成为一国通性，则此性质之本身必有其可以保存的地方。此种性质因为时势的变迁也许不合时宜，而应当参补，但其固有的良好特性仍应保存。例如中庸的德性已成为中国民性中之一种特质，在现在外患交迫的时代，一以中庸为本，自然难免流于退让而为他人所鱼肉，也自然应采取西方的进取精神以调剂之。但是要把此种德性一律抛弃之，姑无论在事实上不易办到，即使办到而完全易以他种精神，则已与他人同化，根本已丧失其国家底个性，倘使国家而当保存者，此种同化兴亡国何异？而且一种制度要能真正推行，也非植基于人民心理之上不可，因为不如此，即使运用势力而强迫行之，反动一来，便破坏无余。即以学制讲，中国在30年间，学制系统经大变者4次，谁也知道大部分的原因是舶来的东西不与我国情民性相符。此学制推行要以适合国性为第一条件。其次，即使学制合乎国性，倘不合人性，仍不能推行，因为人类底生活是变动的不是机械的，在变动的历程中最少可以分为幼稚、儿童、青年、成人4期，此4期生活之递点虽无明确之界限，但以幼稚初期的生活与成人初期者相较，则截然两事；而且，各期生活之要求一切人类都相似。现在分级学制之能通行世界，即它能适合人类生活之自然要求，中国私塾制之不能完全推行及于他国，也就是缺少此种特质。所以学制推行的第二条件要能适合人性。

23. 学制底种类

现在通行的学制有两种：一种是单轨制，即中小学衔接，如我国及美国的学制；一种为双轨制，即中学小学分驰（小学有两种性质，一种专为升中学者而设，一种为毕业小学后略受补习教育即谋职业者而设），如德、法底学制。从原则讲，单轨制行于无阶级之国家，双轨制行于有阶级的国家，但法固共和国，学制仍为双轨，日本为君主国，学制仍为单轨。此种分别由于各国历史上的传衍，并不能据以断国家底特性。而实际上双轨制却有其优点，因为一国人民在事实上不定都能进中学（但普及中学教育的议论英美教育者却已提倡多年），果能使不进中学者赶早入特殊学校而得相当的职业训练，以增进其生活能力，亦未如非个人之幸，国家之福。中国学制为单轨制，诚合于民主国之平等精神，但环顾中学毕业生之多数流为无业游民，与小学生之不能升学，却又不期然而向往双轨制！

Ⅲ. 中国底学制

24. 学制概述

中国立国最古，一切文物也发达得很早，即以学制说，唐虞时代即有上庠、下庠两种学校，上庠为太学，下庠即小学。此两种学校，夏与商承之，夏称东序、西序，商称右学、左学。不过此等学校均设于王宫左右，不曾普及乡郊。到周代学校制度大备，在王宫及诸侯首邑之学校有上庠、东序、瞽宗、成均、辟雍五种，在各地方者，闾有塾，党有庠或序，侯国之乡有庠。周时每值春初，村中人民，无论男女老幼自早即往学校听讲，至晚方归，并注重普及教育。

战国时，王室中衰，号令不行于诸侯，虽然讲学之风极盛，文化亦很发达，然学制却破坏无余。秦始皇焚书坑儒更不注重教育，而且时间也很短，当然对于学制无所建白。汉高祖平秦之后，因廷臣拔剑争功特优礼儒生，以挽末俗，教育渐被重视；至武帝纳董仲舒之策，建太学于京师，又立五经博士研究经术；并令各郡建学校讲五经，各地私学并承奖励，故汉时教育已有系统而非战国时之紊乱可比。唐代底学校制度更为完备，京师有国子学、太学、西门学、律学、书学、算学六学，隶属国子监，兼收官吏庶人之子弟，并专为贵族设备弘文馆与崇文馆，专收宰相及一品功臣之子弟。此外并有广文馆，专备考试进士者读书其间。地方之府州县都设学校，同时并用考试法取士。宋时学校制度与唐相似，亦有国子监、太学、律学、医学、画学、书学等，但特别注重于考试。此时私家讲学之风极盛，现代之书院制亦植基于那时。元代学校制度分为地方与京师二种：京师有蒙古国子监，汉人国子监，地方则各州有书院，路有路学，县有县学，各路有蒙古字学、医学、阴阳学等，但同时并用科举取士。明代诸帝王多好文学，教育更为兴盛。京师有国子监，又有宗学以教贵族子弟，地方则郡有府学，州有州学，县有县学，乡有乡学；此外并有教文武子弟之都司儒学、都输运司儒学、京卫武学等，而考试制度亦更详备。清初学校制度多承明意，京师有国子监宗学、觉罗学、咸安官学、景山官学、公旗官学，地方则各省会城有书院，府州县有府学、州学、县学，乡党有义学、家塾。考试制度则与明代相似。

以上概述中国历代学制变迁的情形，自然极其简略，但即在这简略的事实中，亦可以知道：（1）中国对于教育素为重视；（2）各时代虽然因政体关系而有贵族设立之专校，但对于平民底教育均同时顾到；（3）考试取士完全无阶级之分，一切人民均平等待遇；（4）学校普及乡村，自考试制盛行后，政府对于教育只处督率的地位，地方教育大半由人民自理。这种精神虽不能谓为尽善尽美，但确为中国教育底精神，我们应得注意。

25. 新学制底由来及其变迁

这里所说的新学制不是民国十一年［1922］十一月一日所颁布之新学制，是光绪二十八年［1902］以后中国改行西洋学校制度之泛称。何以称西洋学校制度为新学制？最重要的原因是这种制度无论在组织上、方法上都与中国旧日所有者判若两物。此种新学制何为而来？最简单的答案是由于世界潮流所迫。世界各文明国之采用现在通行之学校制度，已有几百年的历史，中国何以在近20余年来始行采用？是30年以前，中国尚维持半闭关自守的局势，虽然与欧美各国也有通商的往来，但对于他国底文化与国力完全不了解，而仍怀华夏蛮夷的见解，不大受外国文化底影响。自鸦片战后，中国国民始渐知外国坚甲利兵之可畏，而有炫于其势之感，至甲午之役，以中国之大，竟为区区岛国之日本一败涂地。数十年前，日本底国势并不怎样强盛，居然能于那时战胜中国，变法曾收最大的效果，国人此时始悟要图强非仿效日本急行变法不可。甲午战后，朝野上下无不以举行西政、力图自强为言。而西政之最要者首推教育，故废科举、兴学校，在当时成为唯一的怒潮。不过因为历史上的种种关系，举国人民虽然亟望自强，但以平日素无预备，竟不知从何处下手，适有近邻的日本，在新政上足以供我参考，于是一切均取法日本。光绪二十七年［1901］十二月上谕张百熙为管学大臣，并令其筹拟学堂章程，二十八年［1902］七月他将所拟定的章程呈上，虽然说"上溯古制，参考列邦"，但实际上几完全抄自日本，不过此种学制未曾实行而已。

以上为中国新学制之由来。

中国自学制系统成立至今虽然不到30年，但其中却经过4次重大的变更：第一次为光绪二十八年［1902］张百熙奏定的学堂章程，第二次为光绪二十九年［1904］张之洞、张百熙、荣庆等奏定的学堂章程，第三次为民国元年［1912］七月教育部召集全国临时教育会议改定的学制，第四次为民国十一年［1922］全国教育联合会第八届议决的新学制系统草案，由大总统公布之新学制。各次变更的情形大约如下：

光绪二十八年［1902］张百熙拟订的章程：定蒙学堂4年，寻常小学，高等小学各3年，中学4年，高等学堂3年，大学预科等于高等学堂亦为3年，大学本科3年，大学上面并设大学院。与中学相等者有农工商实业学堂，与高等学堂及大学预科相等者有高等农工商实业学堂及速成科（仕学馆与师范馆），师范则附设于中学之内。除大学院外，全系统之修学期限为20年（自6岁至26岁）。光绪二十九年［1904］张之洞修改的学制较为复杂而完备：计初等小学5年，高等小学4年，中学5年，高等学堂3年，大学预科与高等学堂相等，大学分科3年至4年。与高小相当者有3年之实业补习普通学堂、初等农工商实业学堂、半年至4年之艺徒学堂；

与中学相等者有初级师范、中等农工商实业学堂；与高等学堂相当者有3年之优级师范、进士馆、4年之高等农工商实业学堂、5年之译学馆、1年至3年之实业教员讲习所；大学之上并有通儒院5年。除通儒院外，共计21学年。民国元年［1912］改革之学制，为初小4年，高小3年，中学4年，大学预科3年，本科3年至4年，共计18学年，大学本科之上有研究院无一定年限；与高小相当者有3年之乙种实业学校、2年之初习科；与中学相等者有2年之补习科、4年之甲种实业学校、5年之师范学校；介于大学预科本科之间者有4年之高等师范、4年或5年之专门学校。民国十一年［1922］之学制系统下节当详录，此不再述。四期学制系统中，我们最当注意者为女子教育之发展。第一期中女子教育并无正式的地位，第二期之中间（光绪三十三年［1907］）颁布女子小学与师范学堂系统章程，女子教育始正式见于学制之中，但只以师范教育为止。第三期加添女子中学及女子高等师范。第四期则男女一律平等。

26. 现行的学制

现行的学制与我们底关系较切，兹录十一年［1922］十一月一日公布之全文如下：

标准：

（一）适应社会进化之需要；

（二）发挥平民教育精神；

（三）谋个性之发展；

（四）注意国民经济力；

（五）注意生活教育；

（六）使教育易于普及；

（七）多留各地方伸缩余地。

下图左行之年龄表示各级学生入学之标准，但实施时，仍以其智力与成绩或其他关系分别定之。

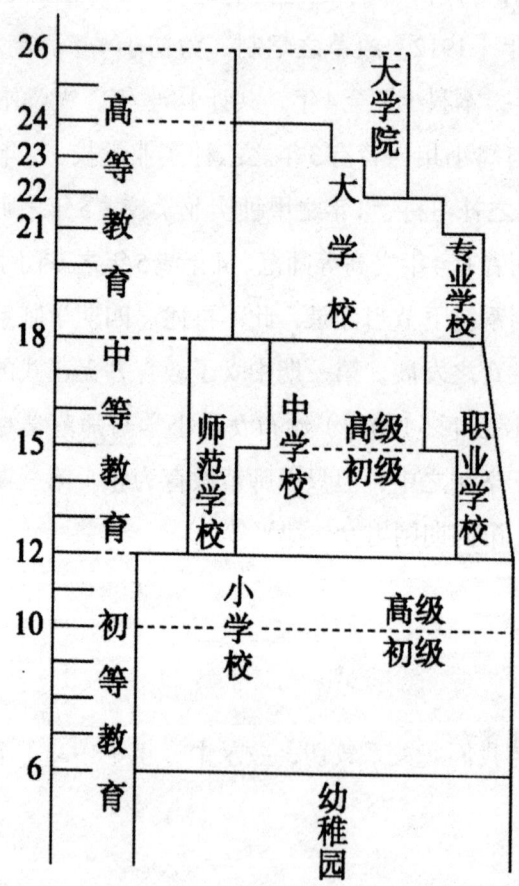

说明：

一、初等教育

（1）小学校修业年限6年。

（附注1）依地方情形得暂展长1年。

（2）小学校得分初、高两级，前4年为初级，得单设之。

（3）义务教育年限暂以4年为准，但各地方至适当时期得延长之。

义务教育入学年龄各省区得依地方情形自定之。

（4）小学课程得于较高年级斟酌地方情形，增置职业准备之教育。

（5）初级小学修了后，得予以相当年期之补习教育。

（6）幼稚园收受6岁以下之儿童。

（7）对于年长失学者宜设补习学校。

二、中等教育

（8）中学校修业年限6年，分为初、高两级，初级3年，高级3年，但依设科性质得定为初级4年，高级2年，或初级2年，高级4年。

（9）初级中学得单设之。

（10）高级中学应与初级中学并设，但有特别情形时，得单设之。

（11）初级中学施行普通教育，但得视地方需要兼设各种职业科。

（12）高级中学分普通农业商师范家事等科，但得酌量地方情形，单设一科或兼设数科。

（附注2）依旧制设立之甲种实业学校，酌改为职业学校，或高级中学农工商等科。

（13）中等教育得用选科制。

（14）各地方得设中等程度之补习学校或补习科，共补习之种类及年限，视地方情形定之。

（15）职业学校之期限及程度，得酌量各地方实际需要情形定之。

（附注3）依旧制设立之乙种实业学校，酌改为职业学校，收受高级小学毕业生；但依地方情形亦得收受相当年龄之修了初级小学学生。

（16）为推广职业教育计，得于相当学校内，酌设职业教员养成科。

（17）师范学校修业年限6年。

（18）师范学校得单设后3年，收受初级中学毕业生。

（19）师范学校后3年，得酌行分组选修制。

（20）为补充初级小学教员之不足，得酌设相当年期之师范学校，或师范讲习科。

三、高等教育

（21）大学校设数科或一科均可，其单设一科者称某科大学校，如医科大学校、法科大学校之类。

（22）大学校修业年限4年至6年，各科得按其性质之繁简，于此限度内斟酌定之。

医科大学校及法科大学校修业年限至少5年，师范大学校修业年限4年。

（附注4）依旧制设立之高等师范学校，应于相当时期内提高程度，收受高级中学毕业生，修业年限4年，称为师范大学校。

（23）大学校用选科制。

（24）因学科及地方特别情形得设专门学校，高级中学毕业生入之；修业年限3年以上，年限与大学校同者，待遇亦同。

（附注5）依旧制设立之专门学校应于相当时期内提高程度，收受高级中学毕业生。

（25）大学及专门学校得附设专修科，修业年限不等，凡志愿修习某种学术或职业而有相当程度者入之。

（26）为补充初级中学教员之不足，得设2年期之师范专修科，附设于大学校教育科或师范大学校，亦得设于师范学校或高级中学校，收受师范学校及高级中学毕业生。

（27）大学院为大学毕业及具有同等程度者研究之所，年限无定。

四、附则

（28）注重天才教育，得变通年期及教程，使优异之智能尽量发展。

（29）对于精神上或身体上有缺陷者，应施以相当之特种教育。

此系统曾于十四年［1925］十一月十七日修改，中学采"四二制"，但其他各部分仍未有变动，而且在实际上各省亦已大半采用"三三制"。

27. 现行学制的批评

从中国近30年来已有之4次学制系统看来，现行的学制不能不算为最有进步：其特点在第一能伸缩，第二能衔接。中国地大物博，各地生活情形不同，需要也因之而异，现行学制能顾虑及此而采纵横活动的精神，使各地得因当地需要而有所伸缩，又可彼此衔接，较旧制之固定者自然优良许多，而最重要者在中等教育段，即逐渐分科，使学生于毕业后具有相当的职业技能，实足矫从前中学教育之弊。此为现行学制中之特优点。但就学制本身讲，高等教育段各大学校既得分科设立，同时又容专门学校存在，在理论上固然二者出于重复，在实际上则因专门与大学相去甚微而可无专门学校。至于中等教育段一面既使师范教育独立，并且得单设后3年之师范学校，而高中又有师范科，更不知用意之所在。此外现行学制完全模仿美国，将中国数千年自由设学的精神打破，是否适合国情，更不可不从实际经验以求解决。

Ⅳ. 撮　要

1. 学制是学校的系统制度：第一，学校组织、行政、教学、训育诸事，一国之内要有公共目标；第二，要有一贯的系统。

2. 学制底由来有两种方式：（1）学校教育根据社会需要逐渐演成为系统的制度；（2）先定系统的制度，再使学校照着办理。

3. 学制底效用：第一，在谋国民精神之统一；第二，谋国民能力的增加；第三，节省教育与学者时间与精力。

4. 学制要合国性人性及时势要求始能推行；各国现行学制有单轨制及双轨制之别。

5. 中国学制在三代时即已有之，以后均有发展。特殊的精神是人民在教育上待遇平等，设学自由。

6. 中国新学制是由于外侮逼成，30年来，经过4次变更，但系逐渐改进者。

7. 现行学制之优点为能伸缩、能衔接，但中等之师范、高等之专门未免重复，而且几完全模仿美国，未必适合国情。

V. 名词释义

上庠、东序、瞽宗、成均、辟雍均属大学。周时五大学，南为成均，北为上庠，东为东序，西为瞽宗，中为辟雍。

闾、党、州：周时25家为闾，500家为党，2,500家为州。

宗学、觉罗学、咸安公学、景山官学、八旗官学，皆清时特立以教宗室子弟八旗子弟者，教师满、汉人兼用，意在保守满州旧俗。

VI. 问　题

1. 教育与学制之关系如何？国家教育何以要有学制？
2. 学制是怎样构成的？述中国三代时学制构成之原因。
3. 述考试取士之优点与劣点。
4. 书院制与现行学制底精神有无相同之处？二者之优劣如何？
5. 中国新学制何以都由模仿他国得来？何以30年间有4次大变更？
6. 述对于现行学制的意见。

Ⅶ. 参考书

1. 郭秉文：《中国教育制度沿革史》，商务。
2. 《教育杂志》（学制课程研究号）学制部分，第14卷号外。
3. 《新教育》（学制研究号）第4卷第2期。
4. 朱叔源、赵南：《国民性与教育》，商务。
5. 盛朗西：《先周教育制度》，载《民铎》第6卷第1号。
6. 盛朗西：《宋明书院讲学制》，载《民铎》第6卷第1号。
7. 胡适：《书院制的历史与精神》，载《申报·教育与人生》周刊第9期。
8. 郭秉文：《五十年来中国之高等教育》。
9. 廖世承：《五十年来中国之中等教育》。
10. 袁希涛：《五十年来中国之初等教育》。

上三文均见上海《申报》发行的《最近之五十年》。

第四章　教育与学生

Ⅰ. 何谓学生

28. 学生底特质

读此书者大概都曾作过学生，学生之含义如何，似乎不必再述。但是最平常的事最易被人忽视。学生两字惟其太平常，所以还得一述。

照最通俗的字义讲，学是学习，生是生存，两字合起来，应当为学着去生存。一般人都称在学校读书的人为学生，但问读书的目的何在？自然是为着生存（广义的：合物质生活与精神生活而言），所以这两字照最通俗的解释，很能尽其应有之义。不过学有道，生也有道，决不是盲目的乱动。《说文》说："生，进也。"《学记》说："君子之于学也，藏焉，修焉，息焉，游焉，夫然故安其学而视其师，乐其教而信其道，是以虽离师辅而不反也。"生之本义为进，故人类底生活应为进步的，创造的；但现代的社会组织复杂，原始的本能决不足以应付，于是学为必要。学的方法与态度应当怎样，《学记》上那几句话说得很明白：因为学之为言效也，所以从师实为必要（广义：不只以学校教师为限），某人可以为师，自有其特长之点足资取法，即非与之亲而无由学得，故亲师为学的第一个条件。只有师无友，生活上固感孤独，学业上亦少切磋，故乐友为学的第二个条件。倘能亲师乐友，安学行道，而又对于所学能孜孜不倦（藏、修、息、游）地进行，学自有得，生活亦自有进步。

上面只说学生两字底意义及学生底目的，并不曾说到学生的特质。我想，谁也知道教育是以人为对象，在教育普及的国家中，谁也会作学校底学生；如其说学生有特质，当然不能离开人底特质。然而说学生底特质就是人底特质却又不对，因为人底生活是继续的，其范围自初生以至老死；学校学生生活则只有人底生活的一部分，即只以在学校的时间为限。各国对于学生在校的时间虽有参差，但学制所规定者大概均为六七岁至二十三四岁之十七八年间。此十七八年虽可细分为儿童期、青年期、壮年期，而生理与心理上均在发育，所以学生之第一特质无论在身体上或精神上均为向前发展，或简称之为生。学生之身心既向前发展，对于外面的好奇心盛而吸收力强；人到中年以上，饱经世故之后，遇事多持消极，而少年时代则一切任性而行，勇往向前。在此前进的历程中自然要遇着许多困难而遭失败，但因胸无成见，易为外物所影响，一切知识与技能亦特别进步得快。换言之，人生一世只有学生时代的学习能力最强，所以学生底第二特质为学。论学生底特质而以生与学为旨归，读者或以为这种解释，是一种文字游戏，实则事实确系如此，无论在生物学或心理学上均有确实根据。

29. 学生底职责

近来因为国事紊乱与学生嚣张，社会上对于学生底职责问题常有两种极端的议论：一是专以社会活动为事，一是绝对不问外事。主张前说的，以为学生是社会中优秀分子，社会上一切问题均当由学生处理：自政治、外交、罢工、罢市以至各界一切集会均须由学生主持一切；甚至误衍阶级争斗之说以学生与教师为对立的阶级，学生之一切举动均当以拥护本身利益为前提。近数年来各校风潮迭起，河南、湖南等省并演学商冲突的恶剧，此种议论之鼓荡，实为重要原因。顽旧者见学生嚣张，则力倡绝对不问外事的议论，并以军警底势力禁止学生一切活动。实则二者均过于极端。在现在内忧外患交逼的中国，学生诚不能不参加社会运动，但社会事业至复杂，一切事业之处理，均须有专门的知识，学生底学识纵或优于普通民众，然而决非万能，决不能处理一切社会事业，亦非现在学生运动所常用之开会游行、发通电与简单的机械方法可以处理；而况中小学生底年龄与知识要其了解一种社会事业尚非易事，更何能单独主持社会运动。至于以学生为一种阶级更属谬见，因为阶级争斗之阶级，是以生产为分类的标准，学生根本为分利者，而且在文明国家任何人都当为学生，决不能将此预备生产能力之一时代划为一阶级，造成昨我与今我成仇雠之局势，此阶级争斗之说决不能应用于学生界者。而且实际上教师与学生的关系决不能和雇主与工人相比：雇主取工人底生产余值以自利，工厂底一切设备为自利的；教师生活则以国家供给为本位，虽亦收受学费，但系取之于学生之保护者，学生根本非生产者，更说不到生产余价，学校底设备更以利学生为主要目的。至雇主与工人只以生产品为维系的媒介，完全为物质的关系，师生则以感情为维系的要素，大半为精神的；而且工人能生产，是自立的，学生则以受教育为目的，是被指导者。姑无论阶级两字在学生界不能成立，以被指导者而言拥护本身利益，亦未见得真能明白利益之所在（如反对考试）；以拥护本身利益为言而处决指导者之职务（如议会式的学生自治会），乃至于倡产生指导者（如"民选校长"），则更自处于指导者的地位，不独不必入学校受教育，且可教导学校教职员，无论在理论与事实上均不可通，然而近年的学生为此谬说所误者不少。因学生之嚣张，遂发生一种绝对不问外事的极端议论，此议论近来很受一些顽旧者之赞许，但其不合事理则一：因为学习的目的在扩张经验，改组经验，而获得经验的方法，不只书本的阅读，实际的活动也一样重要；而且处现在的中国，事实上亦每不容学生在校安心求学（如五卅惨案）；在相当指导之上参加社会活动，或对于某种问题有特殊研究。能应用学术指导民众而主持社会运动，亦是现在学生界应当作的事情；不过要有分际，不以社会活动而放弃其受教育的责任。至于现在的学校在事实上诚有许多不满人意，学生自然可供献其改革的意见，也可为改革的运动，然而决不能以阶级争斗的态度存仇视的成见。中国社会政治都极紊乱，将来改革的责任，现在的学生自然当担负大部分，不过社会改革需破坏，更需建设，破坏与建设都非学术不可。所以学生真正的职责：第一，是从实际上努力研求学术；第二，应用学术加入民众或领导民众为自决的、有效的社会活动以救国家危亡。换句话说，学生不要忘了自己是学着生存的！

蔡元培说："求学不忘救国，救国不忘求学。"我们应当说："求学是为救国，救国更要求学。"

Ⅱ．儿童与学生

30．儿童底心理

心理学者因研究的便利，常将人类生活分为幼稚、儿童、青年、壮年、老年诸时期，而以6岁以前为幼稚期，6岁至12岁为儿童期，12至18岁为青年前期，18至24岁为青年后期，24至48岁为壮年期，以后为老年期。人类在6岁以前，一切生活均须长者代为处理，普通在家庭施以非正式的教育，儿童此时虽可以学习许多事物，但大半直接参与生活而来，家庭的父母并不立定计划专门教导；幼稚园虽收6岁以下3岁以上之学生，施以系统的训练，但亦只以语言及游戏为限，而且此种教育只是自由经营，不为国家所规定。6岁至12岁的儿童期在各文明国家大概都规定为义务教育时期，强迫使之就学，此时的儿童不独为家族中之一分子，而且被视为国家中之国民。此时期虽只6年，但照心理学家底意见又可分为两期：即6岁至9岁为儿童前期，9岁至12岁为儿童后期。儿童此时初与社会接触，经验不多而且纷乱无系统，对于感官接触所及的东西，都很感兴趣，但又不能明白其内容，于是时时求人指导，遇事既很好问，做事又好模仿，心理学者称此时期为模仿时期。儿童后期则因与社会相处较久，经验较丰富而有系统，对于自我有相当的认识，从前完全以他人之见解为转移，此时却自己有所主张，故心理学者称此期为自觉期。但此时因知识不充最易受环境底影响，而且所经过之经验，常能保持很长的时间，支配后来的生活。

31. 儿童教育的要点

儿童期正为小学教育之期。教育目的第二章中曾经说及，在予学生以基本的人生知识，养成其对于国家之一致的理想。现在所论者为教授原则。

"儿童为具体而微的成人"不独在中国有此观念，即西洋亦是如此，夸美纽斯（Comenius）、卢梭（Rousseau）、裴斯泰洛齐（Pestalozzi）、福禄培尔（Froebel）诸教育家对于儿童生活加以注意，与近代心理学者用科学的方法研究儿童，将其结果传布以后，西洋社会上始知儿童在形体上虽为具体而微之成人，而精神上则相去甚远。中国从前私塾之要学生背诵《四书》、《五经》，或用夏楚威逼他们读书，都是不明儿童底特质所在。倘若你曾习过儿童心理学，自然知道儿童底种种异于成人之处，就不习过儿童心理学，也可以由日常的观察可以知道：（1）儿童是好动的；（2）注意不能持久；（3）好奇，好模仿。若要使儿童不像旧时私塾之横被摧残，消极方面应：(1) 设法减少室内静坐与多用细筋肉的工作；(2) 不用为儿童理解不及的教材；(3) 不示以与身心有妨的行动。积极方面应注意：(1) 尽量提倡与实际生活相联而为儿童力所能胜之工作；(2) 关于历史、地理不易为儿童直接经验所及而又为国民所不可不知之材料，用演剧方法表演之，予他们以具体的印象；(3) 对事公正、对人同情；(4) 对于社会与国家之重要事项，时时以兴趣的方法演述之，养成其爱国心；(5) 时时予以团体的训练，养成其奉公守法、独立自治的精神。

Ⅲ. 青年与学生

32. 青年底心理

青年期年龄较大，知识较充，身体与精神均有急剧的变化，几与儿童及壮年时期判若两人，故青年期又称为人底再生期。据心理学者之研究，青年前期之社会自觉性很强，青年后期之个性很显。儿童时代对于自己虽亦觉识，但对于群的要求不切，青年期不独好与人接近，而因为两性本能成熟，并有异性的要求。此时在知力方面，想象力、推理力、名誉心发达，遇事好追求因果，而且常为自炫心所驱策；在感情方面，同情与妒忌心均极盛，易受外物刺激而为尽量的发舒；在意志方面，责任心大、自信力强。因感情盛，故好恶常有过当之举；因自觉性强，故遇事好为估量，而且好执己见，不愿服从他人；同时对于个人前途、社会事情亦时时虑及而思将来如何立身，如何治事。总括说：青年时期在知识上求知之心甚切，无时不向外求发展，感情上易受刺激而失生活之常态，但亦极富牺牲的精神，意志上由个人中心活动发展为社会中心活动，合群负责，但行为易为感情所影响。

33. 青年教育的要点

青年为人底再生期，与人生前途的关系很大，教育亦很不容易。但教育者明白青年心理底特点而因势利导之，也可收很大的效果。我们知道青年时期因身心两方面之要求，诸事都向前进，便当积极地引导他向前活动，不可遇事压抑，以养成其反抗的态度与畏缩的习惯。此时期教育上之当注意者有下列诸点：（1）激励自动。青年本好动作，无论教授什么，都可顺其性向予以自动的机会，使之自动研求。现在中等学校的教师上堂讲演，学生堂下静坐的习惯，最少应当革除。（2）注意感情反应。青年感情既盛，其生活大半为感情所支配，有些事情在他本无恶意或者不甚关心，但因他人之激动或教师之不明感情变化，使其情面难堪，竟至发生极大的风波，故教育者之态度应和平诚恳，多予同情以引起信仰，并当时时注意艺术的陶冶，以变化其感情。（3）鉴别个性。青年期自觉心强，自谋心亦强，对于社会上的事情，均取尝试的态度，教育者应随时加以考察，发现其个性之所在，而予以适当的指导，使之少耗时间与无益之试探。此外还有两事为国内主持青年教育者不甚注意的，即两性问题与团体活动。孟子说："食色，性也。"两性的要求原是根诸本能来的，而青年期因生理上变化，对于两性要求甚切，也最容易为外物所诱而误用。中国教育者戴"礼教"的面具，对于青年不言两性问题，甚至生理学教科书中不载生殖器，此种讳疾延医的办法，不知坑害多少青年！此事在青年教育上是一很重大的问题，教育者应当根据心理、生理、伦理上的原则予青年以正当的性的知识。团体活动在中国历史上即不甚注意，而近来因为群众运动发生流弊之故，教育者则从而压抑之，不许青年为课外活动，这不独因噎废食，而且要发生其他不良的结果；因为被压抑的感情与意志不得伸张，终当由他种方式表出之。教育者对此只当切实为团体的训练，使其活动遵一定之轨道进行，为国家训练良好公民，为个人养成治事才干。这又是青年教育者所当注意的一个重大问题。

IV. 成人与学生

34. 成人教育问题

照学制规定，学校学生时代为6岁至24岁，在此期内，由学校负教育之责，此后则不问。但实际上24岁以后之人在教育上还有两事为我们所不可不注意者，即失学的成人与已受学校教育的成人之继续修学问题。就一般人底见解讲，若果在学校受了正式教育，学问当已有相当的成就，当无继续修学之必要。实则高等学校不是人人所能进，在现在的中国，国民教育尚未曾普及，更何能说到人人受高等教育，则一部分受过初等教育与中等教育在社会上从事职业的人，自不能不继续修学以扩充其能力。即少数受过高等教育者毕业后亦须继续修学，因为大学教育虽优于中等、初等教育，但在专门学术上不过是基本的基础，要"肯构肯堂"，还得个人出校后继续不断地努力。无论作何学问与事业，都不是学校时代所能成就，即历史上也不曾有青年时期对于学问与事业上有特殊贡献的人。由此可知成人继续修学之重要。所以从广义上讲，人之一生自呱呱坠地以至奄奄就木均可称为学生，无时不当学习；不过儿童期与青年期之可型性（flexibility）大，特别宜于就学，故由正式学校教育之。受学校教育之成人既当继续修学，则人当视宇宙为一大学校，职业场所为实习场，努力不断的研究，而国家对于此种国民之修学机会，如职工保障不使为物质生活压迫，修学设备如图书、实验所等应当尽量供给。此为受过学校教育之成人教育问题。

至于失学之成人更当设法补救，因为人类底生活常因教育程度而发生冲突，例如共和政制之当维护，无谓迷信之当破除，凡受真正学校教育者都莫不以为然，而乡间未进校之村民则不时想望圣明天子出现，更时时崇奉偶像；其他如道德标准、生活习惯，更有许多因袭的见解。这种不进步的见解，固足以阻国家的进步，而因为生活习惯不同，思想差异太远之故，家人父子中常常发生许多无谓的争端而减少人生底乐趣，因而影响及于社会国家者甚大。照现在的情形，中国人口已达440,000,000余万（据民国十一年［1922］邮政总局调查），而学生只670余万人，平均须70人始有一学生，此84%不受教育之人民，成人当在半数以上，非急谋补救不可。现在已有平民教育之提倡，但平民教育之工作，大半在于使平民认字，认字后之继续修学设备如通俗图书馆、教育馆等更不可不注意。

V．撮要

1. 学生两字最通俗的意义为学着生存，其特质一为努力学习，二为生活进步；其职责在努力从实际上研求学术与应用学术领导民众为自决的、有效的社会活动，以救国家危亡。换句话说，求学是为救国，救国更要求学。

2. 儿童好活动，但能力薄弱，诸事不能自立，故教育当注意实际活动，不专重文字教育，以养成其奉公守法、爱护国家的习惯。

3. 青年感情盛、求知心切、意志较坚，故教育当注意激励自动、适应个性、陶冶感情，并当留意两性教育与团体训练。

4. 在广义上，人之一生都当努力于学术，故国家对于已受学校教育之成人，应设法给予适当机会，使之能继续研究，对于年长失学者更应设法力谋补救。

VI. 名词释义

夸美纽斯　奥人（1592~1671），倡自然教育，对教学主张用日用法则，定原则九条，为世所尊。

卢梭　法人（1712~1778），与夸美纽斯同倡自然教育说而更激烈。著有小说《爱弥儿》（商务有译本）发挥其主张，传于世。

裴斯泰洛齐　瑞士人（1746~1827），于1798年，设贫民学校亲为教养，最重儿童，著有教育小说 Leonad and Gertrude 行世。

福禄培尔　德人（1776~1841），首创幼稚园。

VII. 问　题

1. 学生何以要努力学术、应用学术救护国家为职责？用什么方法实现此职责？

2. 现在的学生何以好干预校政，专门从事群众运动？有什么弊端？用何法补救？

3. 儿童与青年之区别何在？述实施儿童教育之方法。

4. 什么是团体？训练团体的方法如何？

5. 成人教育何以重要？一般人何以学校毕业之后即不须继续努力学术？

6. 成人教育之补习方法如何？怎样实施？

Ⅷ. 参考书

1. 余家菊：《教育原理》，中华，第二章。
2. 郑宗海译：《教育之科学的研究》，第十二、十三章。
3. 陈鹤琴：《儿童心理之研究》，商务。
4. 汤子庸译：《青年期心理学》，商务。
5. Watts, Education for Self-realization and socialService, part Ⅲ.
6. Nunn, Education: Its Data and First Frinsciples. chapter ⅩⅤ.

第五章 教育与教师

I. 教师底专业

35. 教师底起源

当生活简单时代,各种事物之知识与社会生活之经验,均可由直接参与或视察以求得之,儿童在家庭与社会中是直接为其一员,与父母长者共同活动。父母本其丰富的经验以为鼓励或谴责,使其子女底行为适合于当时之社会生活,社会上各种习尚亦直接间接影响于儿童底行为而无形加以奖励或禁阻,并无专门的教师专司教育。后来生活渐繁,父母除养育子女而外,还有许多关于生活上的要事,不能专心指导儿童学习,于是有专门的教师与学校。最初之教师大概为宗教师,对于儿童不过为当时社会所需要之宗教仪式与信条的指示而已,以后更有学问家以其学术传授于人,更进则为现在专业的教师。

教师未成专业以前,负教育之责者,除家庭之父母外,有宗教师、艺士、官吏、学者、贤哲五种人。宗教师兼负教育责任,不独在往古时代如此,欧洲中世纪的教育权,亦几全为基督教士所操,现在的中国教育权亦一部分为外国教士所操;他们虽然对人民施相当之教育,但其目的则在于传播宗教教养。艺士为对于某种技能有特长者，学生之求教于他们，亦只在学其某种特殊技能。欧洲中世纪与现在中国徒弟制之师甫，可称为艺士的教师；他们教授的目的在传习某种生活技艺，方法则一秉其个人之师承与经验。官吏虽不曾直接对人民施教育，但国家之成立，必以法制维持人民之间的秩序，官吏则为奉公守法者，消极方面固然根据法律予人民以适当的防闲，积极方面并指导其进行途径，影响于生活者甚大，故亦可称之为广义的教师。学者则系对于某种学问有专门修养，其人不作学校教师，但因性情与思想之相投而收私淑弟子，此种事实，在中国旧社会中是常有的。前清之门生即私淑之遗意，不过所师者非真正的学者，乃献媚官吏以为进身之阶耳。贤哲在当时为一代伟人，在后世为百世师范，孔孟之于中国思想是也。此五种人虽非学校的正式教师，但对于教育之影响甚大，未有专业的教师以前，他们固曾为国民生活的指导者，有专业教师以后，仍有其固有的影响，故论教师不可不及于他们。

36. 教师底专业

以上五种人我们可称为广义的教师，专业的教师则为狭义的。二者底区别即前者对于教育之实施为无意的，一切设施均以主观的见解为本，对于社会需要，与受教育者之心理不为详细的研究，惟就个人经验所及定施教育的内容；他们自己既不曾以教师为专门的职业，更不曾受专门的训练。至于专业的教师，第一，要以教师为唯一的职业；第二，要受过专门的训练；第三，对于教育之设施均以客观的教育原理为本。例如商店学徒与初级商业学校学生均可同为十三四岁之青年，同以受商业教育为目的，但掌柜对于学徒只使其直接参与工作，于无形有形之间受商人生活上必具的训练，其施教也固无一定系统计划，亦不详究学生心理，而且教授方式为个别的，收徒与否不一定，亦不因收徒与否在生活上发生问题；学校教师对于学生之教授则一面按照系统计划进行，一面又须以学生心理、生理之客观的条件为准，其个人生活更完全建筑于教书之上。此为事实之最显明者，其他学校教师与广义教师之区别亦莫不如此。

教师何以须受专业的训练？因为人类生活虽极复杂，但"人"底本质却彼此相同，无论在精神上或身体上都有共通的原则，此种原则虽亦可为多数人所了解，但实现此种原则，却非有专门的研究不可；而且人类社会中之生存的知识与技能有基本相同之点，一国国民更有其公共理想、公共生活习惯，其理想与习惯之传播与保守，亦需相当的研究，均有专门训练之必要。实施此种专门训练的机关就是师范学校。

师范学校现在虽已普遍于世界各文明国，但它底历史至今不过百余年，1794年法国巴黎始设修业期5个月之师范学校（Ecole normale），养成各地开办师范学校之人才；1833年英国洛必克（Roeblack）倡议师范学校之重要，1839年始设全国师范学校，招收贫苦学生予以宗教及道德训练，以养成其他日教学的能力；美国先负训练教师之责者为古典学校（Academy），1834年纽约省始以公费设立师范学校。中国在历史上素不注意于教师的专门训练，故师范学校底历史更短。光绪二十三年〔1896〕，盛宣怀在上海设南洋公学，首创师范，为师范教育之始；二十四年〔1898〕京师大学堂成立，亦分设师范斋，但学制系统上正式有师范学校的地位，以光绪二十四年张百熙、荣庆、张之洞之《奏定学堂章程》为始，嗣后虽有变更，但设学宗旨大概与当时无异，即中等师范学校以培养小学教师为宗旨，师范大学以培养中等学校教师为宗旨。

师范学校以养成小学及中学教师为宗旨，故科目除公民常识与专科（即师范生毕业后所拟担任之教科科目，如师范大学之国文科，高级师范之艺术科）外，特别注重教育科目，教育原理、教育史、教学法、教育心理学等均为师范学校之公同必习科目；修学年限，如现在学制所规定者，师范大学4年，中等师范6年；此外并有1、2、3年相当年期之师范科，均收高级小学毕业生。

Ⅱ. 教师底资格

37. 法制上的资格

师范学校既以养成中小学教师为目的，而且师范生均系公费，实系国家底特殊事业，故师范生毕业后即须在中小学服务以酬答国家。照现在法制上所规定：（1）在前期或相当年期之师范学校师范讲习科毕业或经检定及格者，可为初级小学教员；（2）在后期师范学校毕业或经检定及格者，可为高级小学教员；（3）在职业教员养成科毕业者，得为职业学校教员；（4）在师范大学毕业或留学国外高等师范或大学毕业者，得为中等学校教员；（5）在外国大学毕业或学有专长者，得为大学及专门学校教员。但实际上小学教师不尽为师范学校毕业或受检定者，而有一部分以至大部分为乡绅；中等学校教师亦多非师范大学毕业而有许多系其他学校毕业与旧绅士——亦有一些留学生——大学教员大概以留学生为本位，但学有专长者亦非少数。不过因中国社会上各种事业不发达，与学生之偷惰无创造力，无论国内国外各校毕业生多趋于教师一途，遂致专门以养成教师为目的之师范学校毕业生无务可服，转入别途，而教育界反充满学机械毕业之教育厅长，学工程师的英文教师，乡绅学究的把持，更是内地很普通的现象。这实是中国教育界的重大问题。

38. 学行上的资格

教师在法制上资格虽然很重要，但还不及学行上的资格：第一，因为教育之实施以人格感化为要件，倘使教师底学行不足引起学生底信仰，就是法制上的资格完备或且超过，亦不能安于其事；第二，教师之被人尊视与职业上之升迁，并不完全以法制上的资格为限，只要学有专长，德足服人，小学教师可以迁为大学教师，也可能集众讲学，发挥其适合社会需要之主张，以改造社会及国家。而且法制上的资格，常为个人境遇所限，不能自由取得，学行上的资格，则权操于己，可以由修养而得之。故欲为教师者，于法制上资格之获得外，更应特别注意于学行资格的进取。

要有怎样的学行才可作教师？详细情形我已另有专册论及，这里只就重要条件说之。因为教师是负传播旧文化创造新生活责任的人，所以知识要充分，行为要光明，知识充分与行为光明底内容，也许人各一说而发生相反的现象，此处只就我个人底见解言之。

教师要指导青年与儿童学习应当学习的事物，最少他先当明白各种事物底价值，即何者当学，何者不当学，所以他第一当有丰富的人生常识；凡与人生有关之普通常识，如斯宾塞（Spencer）所举之完全生活必须的知识均当知道。其次，他要教导学生怎样学习，所以应当知道教授与学习的普通原理，即对于教育学科如教育原理、教育史、教学法、教育心理学等不可不有相当的研究。第三，他要处理教育事业上之业务，故当知教育行政、教育统计各种科学。至他所担任之教授科目，当有精深而周遍的研究，那是更不待说的。以上所举的学识虽似很简单，但范围很广，怎样去研究，第十章将再述及。我们所当留意者，教师之职责很大，决不是无专门研究的所能胜任的。

行为上要具什么条件方可以做教师更是一重要而难解决的问题。教师一方面要指导他人，一方面又要研究学术，所负的责任很大，身体之当强健，自不待言；不过这是担任一切事业人员之要件，故不列为教师资格的专修。教师在行为上最宜具的要件为性情温厚，理想丰富，人格高尚。社会各种专业大半以事为对象，而教育事业则以人为对象。教师任职之目的固然在培植人才，而实际上旦夕相处者均为天真烂漫之儿童或青年。他们底言动常以教师为模范，无论何时，均可受教师底影响。教师欲了解学生底个性及得其信仰，不可不有蔼然可亲的态度与之接近。而欲蔼然可亲，非有同情、谦逊、活泼、果决之心性不可。故性情温厚底内容，可以同情、谦逊、活泼、果决括之。教师之性情温厚，学生见其易与，又很易引起狎玩的反应，所以又当有高尚的人格的以副之。所谓高尚人格，即行事光明，待人诚实。教师之职责固然在指导学生，但宇宙事象甚繁，一人见闻有限，教师在学识与行为上虽当勉求其胜人，但决不能事事胜人，不及人者毅然承之，取人之长以补己短，不独学行有进步，学生亦从而感化之，信赖之，韩愈所谓"弟子不必不如师，师不必贤于弟子，闻道有先后，术业有专攻，如此而已"，《学记》所谓"教学相长"，实教师应有之态度，固不必强不知以为知，以诈相尚，使学生从而效之，养成不良的习惯。至于理想丰富，其内容可以自强不息四字释之：人类是进化的，教师负改进社会的责任，更不可不求进步。要求进步，第一，当对于现实常怀不满足的态度；第二，要高超理想；第三，要从各方面研究实行改进的方法；第四，要有实现理想的坚毅意志。所谓理想是有根据有计划有目的，用相当的努力便可使之实现，决不是无谓的空想。中国教育之当改造者甚多，而教育理想家却甚少，教育者近可大大努力。

Ⅲ. 教师底职责

39. 对于学生的职责

教师到底是做什么的？对于社会、国家负些什么责任？中国教育社会上不曾有确切的规定，就一般理论讲，可以分为对学生与对社会、国家底两种责任说明之。

韩愈说："古之学者必有师，师者所以传道、授业、解惑也。"传道、授业、解惑可以说是教师对于学生的基本责任。学生入校从师之目的在于习得生活的技能，以为他日独立生活之本，而因为年龄与知识的种种关系，对于各种知识与技能底价值不能为确切的判断，所惑甚多，不得不望教师为之指导抉择，这是解惑之一义。学习的对象决定了，在学习进程中不知要遇若干疑难，亦不得不望教师为之解譬，此为解惑之第二义。学校课程而外，其他自然界人事界各种现象之不易了解者更随处皆是，也须教师为之指示，此解惑之第三义。不过解惑是消极的指导，同时应当注意授业与传道两事。授业即生活技能之传授。无论何人，也无论在何种社会制度之下，必得工作而后始有生存的权利。工作无论属于精神的或身体的，都需相当的技能，也需相当的训练，这种技能的传授，亦有赖于教师。现在的学校制度将生活与教育析为两途，加以"士人不治生产"的社会遗传深入人心，学校教育更完全为与实际生活无关的奢侈品。除了很少数的职工学校外，大概都不注意于学生底生活技能，教师之良者不过为知识之传授，既无适当之生活技能相传，更不问学生出校后之生存方法如何，所以酿成"教育愈发达"，游民愈多的现象。这是中国现在教育上的急切问题，更是教师所当努力改进者。传道若用今语释之，可谓为人格的培养。知识与技能固然重要，人格之培养尤为重要。倘若只有生存之知识与技能，而无合群独立诸德性以辅之，很易走入邪路而为社会之蠹。教师既受国家与家庭之付托而代为教育其国民与子女，则凡关于国民与子女应具之德性，不可不用适当的方法陶铸之。此外如身体之养护（儿童时代尤当注意），职业之选择，教师亦应本科学的原则为相当的指导。总之，父母相信教师而将子女遣之入学，国家设立学校而延教师主持教育，教师所得的信赖，已非常人可比，对于学生自应当尽其能力辅育成材，决不可以课内之功课讲授为限，也不应以在校的时间为限。中国成语说"一日为师，终身为父"，固然过于重视教师之地位，但教师自处，却当以一日相教终身为友之态度出之。

40. 教师对于国家及社会的责任

教师在中国历史上素被重视，《书经》说："作之君、作之师"；《学记》说："能为师然后能为长，能为长，然后能为君"，均以君师并称，而师对于国家最重要的责任，在于化民成俗。照现在的理论，教师对于国家应负：（1）传播建国理想于国民；（2）以身作则，引导人民实现此建国理想；（3）指导国民改进建国理想。我们知道，无论何种国家，必有其建国的理想，必得此理想共通于全体国民，始可进行无阻，负传播之责者当首推教师；因为教师直接与国民共生活，而其人数又较其他任何精神工作者为多。倘使教育者认定某种建国理想为应普及于一般人民，既不难在学校中实施教育时传达于学生，使一切人民均直接间接了解，日本之武士道精神为一切日人所崇尚，即教师传播之力。徒有建国理想，而不实现此理想，虽有亦等于无，而实现此种理想以教师底力量为最大。"君子之德风，小人之德草，草上之风必偃"，是中国士人常以况执政者构成社会风俗之势力。实则执政者之力量还不及教师，因为教师旦夕与纯洁之青年及儿童相处，果教师而能尊崇建国理想，身体力行，则学生无形为其陶铸而随之为建国理想之实现者。教师受国家与社会之重托，亦应当如此实行。此教师对于国家之第二种责任。我们常常说："宇宙是变动的，人生是进化的"，无论何种建国理想，都受时与地之限制，决不能垂诸万世而皆准，故又当根据世界潮流、社会需要随时改进其理想。不过改进要以国情为根据，不是泛滥的幻想，更不是贸然的稗贩，而教师与人民最为接近，对于社会之需要最易考察，世界的大势较为明了，可本其观察与研究所得发为改进的呼声，以提醒民众，引起同情，而实行改订建国方针。所以建国理想之改建，也以教师所负的责任为最大，而且收效也最速，中华民国之改建即其实例。此为教师对于国家的第三种责任。

教师对于社会的责任可分为传衍文化与创造文化。人类是社会的动物，精神的遗产最多，此遗产之保存与传布，大半赖教师；因为教师底职务在教育学生使之成材，而教育所用之材料，即此已往的精神遗产及现在的社会现象与自然现象，教师能了解其内容而加以选择传授于学生，所以教师实为最宜于负传衍社会文化者。不过只有守成而无开创，已往的文化固不尽适于此时此地，即能相适，亦将因年代久远辗转流传而丧失殆尽。教师为国民先觉，应负开创之责，以适应现在而启发未来，此为教师对于社会最重要的责任。

教师既受社会、国家之重托，故其责任綦重。现为教师与欲为教师者对此不可不加意，倘只视为生活之道而就业教育，则去本旨远了，恐怕不是社会、国家所期望的！

IV. 撮　要

1. 学校教师是因社会组织复杂，父母不能专理儿童教育而起；除学校教师外尚有宗教师、艺士、官吏、学者、圣哲五种人之广义的教师。

2. 因教育事业底重要而复杂，故有专业的教师。专门训练教师的机关为师范学校；师范学校之历史，在西洋只百余年，中国只30余年。

3. 教师底资格有二：一为法制上的资格，即法令上所规定的资格；一为学行上的资格，即教师应有的学识与行为。二者以后者为更重要。

4. 教师对于学生当负的责任为传道、授业、解惑；对于国家当负的责任为传播、实现及改进建国理想；对于社会当负的责任为传衍及创造文化。

V. 名词释义

门生　汉人称亲受业者为弟子，转相受者为门生；清时士人慕达官之威势，自上拜贴称门生执弟子礼，并不重学业之传授。

韩愈　唐人，以拒佛法倡儒教为职志，文章成一家言，世称韩文，为后世所宗。诗文由其门人李汉编为《昌黎先生集》，至今为治古文者所常读。本篇所引，见其所著之论文《师说》。

武士道　日本谓武士所当履行之道德，即重节义，轻生死，排除怯懦贪欲，为君父牺牲其身家。

VI. 问　　题

1. 教师何以要受专业训练？师范教育当独立吗？
2. 详述中国师范学校历史（参看《近代中国师范教育史》）。
3. 教师底学行资格何以特别重要？修养的方法如何？
4. 详述中国教育法制规定的教师资格（参阅《教育法会》）。
5. 取《师说》细读之，述其读后感想。
6. 中国建国的理想如何？应当如何？
7. 怎样创造文化？
8. 你如做教师，对于学生及社会、国家拟负何种责任？

VII. 参考书

1. 郑宗海、俞子夷译：《人生教育》，第六章。

2．郑宗海译：《教育之科学的研究》，第二十三章。

3．邓萃英：《师范教育研究》，载《平民教育周刊》第66、67合刊，北京师大出版。

4．舒新城：《近代中国师范教育史》，载《中华教育界》第15卷第1期。

5．余家菊：《国家主义教育学》，第十二篇。

第六章　教育与课程

I. 课程底起源

41. 课程底意义

《诗经》说:"奕奕寝庙,君子作之",注疏说:"教护课程必君子作之,乃得依法制",课程两字已早见于中国经典。从字义讲:课,计也,程,式也,合之为定式授事。故凡有定式而可以试验稽核的,均可称作课程。此两字在英文为curriculum,从拉丁文得来,义为民族经验(race-course),表示幼年必须经历的事情。现在教育上所称为课程,是指各学校中系统排列的普遍科目。

有些人把课程与功课混为一事,实则二者有很大的区别。课程是根据教育政策所规定之论理的、全备的、统一的科目,这些科目通行于同性质的全国学校,内容概略、教学目的也都有最低限度的规定,而为全国所当遵行。至此种科目之排列方法、教授程序如何则完全不问。功课则为一校实行课程的计划,注重在排列与教授,虽然课程中规定的纲目当切实遵守,但细节却可以因各校的特殊情形而变更。例如初级小学课程规定国语占30%，算术、体育各占10%，社会占百分20%，自然园艺占10%，音乐艺术占18%，而不及各校实际授课时的排列方法；在课程标准纲要中只规定最低限度的内容与教授要旨，而不及每月每周的细目与教学程序。若各校功课则对于各科之排列及内容细目、教学程序均有详细的计划。这是二者最显明的区别。

因为现在一般学校最重要的事情为上课，而上课的重要任务在教书与读书，于是一般人便以为课程底内容只是些书本的知识。书本的知识在课程中诚然有相当的重要，但课程决不只此而已，这有两种意思：一是课程不仅以知识为限，应及于锻行为、强身体、陶感情、练组织的德育、体育、美育、群育各事；一则课程为达教育目的之一种工具，教育目的又因人类生活底变迁而变迁，则生活变迁历程中之种种活知识也应为课程所容纳。所以课程不只是已成的固定知识，而是改进人类生活各部分的重要事项。

42. 课程底发展及变迁

课程是人类生活缩形的代表，所以发展与变迁均以社会需要与心理要求为转移。初民时代的教育，只有生活的直接参加，当然无分科的课程，但心意的活动却自始即有感情、知识、意志等之区别，不过因往昔文字未发达，发表的工具不完备及社会生活简单、分科需要不切的种种原因，所以一切教育的活动都是综合的，整统的。后来社会生活渐趋复杂，需要应付的知识与技能渐多，于是分科的课程始以心理要求、社会需要而产生。希腊往古强盛时代，斯巴达与雅典因自然环境的差异，生活上有尚武尚文的要求，斯巴达底课程专重体育与德育，智育与美育的课程几付阙如；雅典则特重理智之发育与美感之陶冶，故于体育重姿态之优美，于音乐重韵节之和谐；罗马社会务实际，以履行义务、享受权利为其理想，故课程注重传记与法律条规。中世纪初期欧洲各国承希腊、罗马之遗风与社会生活需要，而有七艺（seven arts）的课程，其最注重者为文法与音乐两科。近世科学发达，课程的门类极其复杂，而国语、算学、史地、理科、体育、音乐等几为各国小学一致的必修科。再以中国言，海通以前，士人所习的科目无非是些经典与诗词。明清以八股取士，士人之有志进取意图服务国家者，莫不精研《四书五经》与制艺帖括；而志在略识文字以便治生者则又专重《百家姓》《千字文》等。前清变法而后，学校课程仿照日本与西洋而有种种科学，但因初改学校，一般人对于尊经的旧观念不能去除，于是小学亦以读经为必修科，而专为训练忠孝的圣谕广训亦为各校的公共科目。民国成立，圣谕广训固然根本取消，读经一事，虽然在15年中经过几次波折，忽兴忽灭，但社会上至今却不曾迷信读经，强迫中小学生必习，故读经科目不存在于学校之内。由此可以知道课程是变动的，不是固定的；其变迁的要件完全以社会生活的情形为转移。

43. 中国现行的课程

中国自光绪二十八年［1902］张百熙《奏定学堂章程》以来，学制系统的改革已有4次，每次革改，各级学校的课程也因而大变动。课程变迁的详细情形，这里不能详说，惟有一条总原则可以贯通各时期，即课程底范围逐渐推广，而课程底内容逐渐与社会生活接近。你们初学教育，最当知道的是现在的情形，故将民国十一年［1922］颁布之新学制课程录后。

第三表 小学课程

学科目	国语				算术	卫生	公民	历史	地理	自然	园艺	工用艺术	形象艺术	音乐	体育
	语言	读文	作文	写字											
百分比 初级小学	30				10		社会 20			12		7	5	6	10
百分比 高级小学	6	12	8	4		4	4	6	6	8	4				

第四表 初中必修课程

学科	社会科			言文科		算学科	自然科	艺术科			体育科		共计
	公民	历史	地理	国语	外国语			图书	手工	音乐	生理卫生	体育	
学分	6	8	8	32	36	30	16	12			4	12	164

小学校授课以分数计：初级前2年每周1,080分钟，后2年至少1,260分钟，高级至少1,440分钟。乡村小学各科不能独设，得酌量合并，但国语、算术之授课分数不得减少。

初级中学授课以学分计：每半年度每周上课1小时为1学分，但无须课外预备、自修或预备，自修时间较少者应酌量折算。中毕业须修满180学分，除第四表之必修科164学分外。所余学分得选他种科目或补习必修科目。

第五表　高中普通科第一组课程

科	目		学分
一、公共必修的	1. 国语		16
	2. 外国语		16
	3. 人生哲学		4
	4. 社会问题		6
	5. 文化史		9
	6. 科学概论		6
	7. 体育		10
	（甲）卫生法		
	（乙）健身法		
	（丙）其他运动		
二、分科专修的	1. 必修的	1. 特设国文	8
		2. 心理学初步	3
		3. 论理学初步	3
		4. 社会科学之一种	4（至少）
		5. 自然科学之一种	6（至少）
	2. 选修的		32（或更多）
三、纯粹选修的			30（或更多）
毕业学分总额			156

第六表　高中普通科第二组课程

科　　目			学分
一、公共必修的	1. 国语		16
	2. 外国语		16
	3. 人生哲学		4
	4. 社会问题		6
	5. 文化史		6
	6. 科学概论		6
	7. 体育（同第一组）		10
二、分科专修的	1. 必修的	1. 三角	3
		2. 高中几何	6
		3. 高中代数	6
		4. 解析几何大意	3
		5. 用器画	4
		6. 物理化学生物选习两项每项6学分	12（至少）
	2. 选修的		23（或更多）
三、纯粹选修的			30（或更少）
毕业学分总额			150

高中普通科系为升学预备，但亦得按地方情形临时加关于家事、图书馆管理、新闻业、书记业、统计业、学校实验室及工厂办事助手等项为选修科目，以谋不升学者职业上之便利，学分计算方法同初中，各项选修科目由各校按地方情形酌定。

第七表　六年师范学校课程

科目		学生	一	二	三	四	五	六	七	八	九	十	十一	十二
			1		**2**		**3**		**4**		**5**		**6**	
社会科	公民	6	1	1	1	1	1	1						
	历史	14	2	2	2	2	3	3						
	地理	14	2	2	2	2	3	3						
	人生哲学	4											2	2
	社会问题	6							3	3				
言文科	国语	54	5	5	5	5	5	5	4	4	4	4	4	4
	外国语	52	6	6	6	6	4	4	4	4	3	3	3	3
算学科	算术	12	5	5										
	珠算		1	1										
	代数	8					5	3						
	几何	5							5					
	几何(立体)	2								2				
	三角(平)	3								3				
自然科	混合理科	16	4	4	4	4								
	生物学	6							3	3				
	化学	6									3	3		
	物理	6											3	3

科目类	科目	总学分												
艺术科	手工	8												
	图书	8	2	2	2	2	2	2	2	2	2	2	2	2
	音乐	8												
体育科	体育	22	2	2	2	2	2	2	2	2	2	2	1	1
	生理卫生	4				2	2							
教育科	教育入门	4			2	2								
	心理学入门	2					2							
	教育心理学	3							3					
	教学法	8							2	3	3			
	小学校行政	3										3		
	教育测验及统计	3										3		
	小学各课教材研究	6								3	3			
	职业教育概论	3											3	
	教育原理	3												3
	教育实习	0							2	3	3	3	4	5
必修学分		319	30	30	29	29	29	26	25	24	26	26	22	23
选修学分		11												
共计		320												

师范学校学分计算法，仍系以每半年度每周上课1小时为1学分，但艺术及体育两门须每周上课2小时作1学分。选修学分反少于初中者，因此课程系专为设备较简、班次较少，不能多设选科之师范学校而订。

三年制师范以造就初级小学教员为目的，招收旧制高小与新制六年小学毕业及小学教员为学生。学分计算法同上。

第八表　三年制师范课程

第一学期		第二学期		第三学期	
教育入门	2	教育心理学	4	普通教学法	2
心理学入门	2			各科	2
国语	6	国语	6	实习	2
公民	1	公民	1	国语	6
史地	4	史地	4	公民	2
算学	5	算学	5	史地	4
自然	6	自然	6	算学	2
艺术	2.5	艺术	2.5	自然	6
体育	1.5	体育	1.5	艺术	2.5
共计	30	共计	30	体育	1.5
				共计	30
第四学期		第五学期		第六学期	
各科教学法	2	实习	3	实习	5
测验法	2				
实习	2	小学校行政	3	小学课程标准	2
国语	6			教育原理	3
		国语	6	国语	6
史地	4	社会	4	市乡社会研究	2
算学	5	算学	5	算学	3
自然	5	自然	5	自然	5
艺术	2.5	艺术	2.5	艺术	2.5
体育	1.5	体育	1.5	体育	1.5
共计	30	共计	30	共计	30

第九表 二年制师范课程

第一学期		第二学期		第三学期		第四学期	
教育入门	2	普通教学法	2	各科教学法	2	教育原理	3
心理学入门	2	各科教学法	2				
				实　习	3	实　习	5
				小学校行政	3		
国　语	6	国　语	6	国　语	6	国　语	6
公　民	1	公　民	1				
史　地	5	史　地	5	社　会	4	市乡社会研究	2
算　学	4	算　学	4	算　学	4	算　学	4
自　然	6	自　然	6	自　然	4	自　然	6
艺　术	2.5	艺　术	2.5	艺　术	2.5	艺　术	2.5
体　育	1.5	体　育	1.5	体　育	1.5	体　育	1.5
共　计	30	共　计	30	共　计	30	共　计	20

第十表　一年制师范课程

第一学期		第二学期	
教育入门	2	小学校行政	4
普通教学法	2		
心理学	3	教育原理	3
国语 教学法	2	国语 教材研究及 教学实习	4
国语 补习	2		
社会 教学法	2	自然 教材研究及 教学实习	4
社会 补习	2		
算术 教学法	2	社会 教材研究及 教学实习	4
算术 补习	2		
自然 教学法	2	算术 教材研究及 教学实习	4
自然 补习	2		
艺术 教学法	2	艺术 教材研究及 教学实习	4
艺术 补习	2		
体育	3	体育	3
共计	30	共计	30

二年制与一年制师范，亦以养成初级小学教员为目的，一年师范收初中3年毕业与曾充小学教员而有相当学力者为学生，二年师范收与旧制高小毕业学生相等与小学教员为学生。学分计算法同上。

其他职业课程，因为学制系统之旁支不具录。

Ⅱ. 课程底功用

44. 保存社会文化

课程是达教育目的之一种工具，本身不能独立，但它却有其特殊的功用：第一，为保存社会文化；第二，为予学生以系统的训练，增进生活的效率。兹先说第一种功用。

教育底目的原在改进人生，凡有益于人生的事实均可取为材料。不过自然界、人事界的事项太多，不能一一取以为用，而人类现在的生活均为历史传衍而来，历史上可宝贵的东西，亦不能一一取以为用；于是不能不本教育目的所厘定的标准，对于往事与现势加以选择，编入课程之中，使青年知社会文化上种种要事，借以传衍于未来。

因为人类生存的时间有限，所占的空间亦有限，而现代交通便利，生活复杂，虽远隔数万里的事变，远在数千年前的史实都可以与现在生活发生关系。例如孔孟底学说，在时间上相去已数千年，但现在中国人民多数的行为与思想至今还有形无形之间受其支配；共产革命的俄罗斯离中国亦数万里，然而其影响却及于中国内政乃至于一般人民底生活。因此课程底功用虽在保持社会文化，而社会文化底范围却至难确定。主张尊孔者以为中国历史上最重要的文化在孔子底学说，而尊墨者则反之；主张共产者以为现在社会上最重要的文化是赤俄共产革命，而主张其他主义者反之。所以课程应保持之社会文化底内容应以教育目的为依归。今日的中国，内既迫于军匪之横行，外更屈于强邻之压逼，人民生活固困苦不堪，国家亦将灭亡。教育最重要的责任在使国家独立以谋世界和平，所以社会文化底范围：第一，要有利于国家；第二，要不妨世界的和平。课程底内容也当本此准则以实现其功用。

45. 予学生以系统的训练

初民时代的教育固无所谓特定的课程，现在的家庭教育也无系统的课程，然而初民固曾生活下去了，就是现在不进学校的人也还可以生活。不过这种生活过于简单，一方面固足以减少人生底愉快，他方面亦难于应付复杂的社会。学校底课程，则根据教育目的，对于学生生活的需要为全盘的筹算，预定若干科目，使之按部就班地学习。这些科目虽然不一定能适应各个学生底需要，但就社会需要与国民生活的要件讲却是不可少的。例如中国国民都当明白中国语言文字，而且当有相当的使用技能，所以小学校园语科最为重要（日本为朝鲜人所设之学校便只有日语无朝鲜语，目的在使朝鲜人化为日本国民），其他各科亦如此。从事实上讲，小学儿童所习的国语、算术、社会、自然各种科目，在他们当时的生活上并无必然的需要，学校一定要他们学习是鉴于社会生活的实际需要，一切国民在职业上或公民活动上均用那些知识，所以要他们在学校受系统的训练，便其将来在社会上应用时能取携自如。其他如中学、大学之课程虽不尽与日常生活有直接的关系，而注意于学术的研究，但予学生以系统训练之功用则一。

III. 课程底组织

46. 课程组织的原则

课程为达教育的一种工具，而以社会需要为变迁的标准，所以组织课程的第一原则要以训练实际生活为基础。讲到生活两字，一般人常误为专指物质生活，实则仅有物质生活不得为人——是物的生活——仅有精神生活亦不得为人——是神的生活——这里所谓生活，是合精神与物质两方面而言，故训练实际生活系训练精神与物质两方面的生活。例如生产的能力为人类不可少的技艺，处今日各种产业不发达的中国，国民独立生活的能力尤其重要，故学校课程当首先注意于应用技能之训练。又国民对于国家的责任与奉公守法的习惯、捍卫国家的精神，在此时的中国极其重要，故学校课程当注意于爱国精神之培养。再如个人不离社会而独立，国家亦不能离世界而孤立，故学校课程当注意于社会常识与国际同情之养成。此为课程组织当注意的第一事。

其次当注意学生能力与个性。有许多科目虽然其本身极有价值，但学生因年龄上或学习时间上的关系不能学习。例如高等数学在锻炼思想与研究自然科学均有很大的效用，但中等以下学生却无能力研究此种科目；又如词曲在陶冶感情上亦有很大的价值，但小学生却无时间习此。故学校课程不得不以学生能力为标准以定科目的繁简。国民底生活虽然有公共的需要，应当规定公共的必修科目，但亦有个人底个性当满足，所以于中等以上学校于公共课程之外另有选科的规定。小学儿童也与中等以上学生一样，有个别的个性当设法满足，但因他们年龄幼稚在校时间甚短，个性既不如中等以上学生那样显著，而人生的基本知识又不当为选择的学习，所以小学在课程上无选科的规定，但各科底分量，则可由教师按照学生能力与其特殊倾向为相当之伸缩。此为课程组织的第二原则。

47. 厘定课程标准的方法

组织课程的原则虽然可以支配课程底内容，但原则是抽象的理论，实际应用起来，还得有具体的标准。厘订具体标准的方法：第一，是调查社会需要；第二，是调查学生成绩；第三，是研究历史衍嬗。课程要以社会需要为根据，始能显其功用，但所谓社会需要不只是专凭教育者主观为判断，应以客观的事实为根据。求得事实的根据又可有下列几种方法：第一，本教育者底观察，列为问题，制成调查表，分发各种职业界的领袖与学生底家长，请其发表意见；第二，从报纸杂志的言论研究一般人无意之间发表的意见，归纳为若干条件；第三，从实际社会生活中研究其应改革与应保存的事项。再将各方面所得的结果汇列起来，制成条目，以为制订课程的目标。社会需要虽然可由调查而明白，但根据此需要制定的课程是否为学生能力所能胜任，非以学生底成绩为根据不可。倘使学生对于预定的课程标准不能达到，即在质上不能更改，量上亦当减轻；恰合则继续保持，有余则增加。有些科目虽然在社会生活上不见其需要，在学生能力上亦不见得能适合——如西洋之于拉丁文，中国之于读经——但要改革它又每至引起社会的反对，甚至于发生极大的阻力，废弃全功。但问持反对论者何以要如此维护，其理由大半是从前如此；再问从前何以如此，大概是不能再答复的。这完全是历史的习惯性在背后支配一切，所以要使课程的改革顺利进行，对于这种习惯性不可不为相当的研究，洞彻其症结之所在，先设法去其障碍。然后切实进行。

48. 教材底选择与排列

课程科目既经规定大纲，便当选择材料以实其内容，从广义讲，宇宙间一切现象均可取为教材，但学者底时间有限，决不能兼收并蓄，所以教材选择最重要的原则是比较价值。因为教材底内容以教育目的为转移，故价值非绝对的，而是相对的，即判断价值的标准，视其能否达教育目的与达目的之效率大小以为衡。例如骈文在文学上固有其不可磨灭的价值，但国民教育不以养成文学专家为目的，故骈文在小学教材中无地位。又如文言文与国语文在现在的社会均很通行，但国语文之学习与发表均较文言文便利，二者虽都可达传达思想的教育目的，但为效率计，宁可弃文言文而采国语文。这不过一例而已，其他各科之选择教材均可利用此原则。至于选择教材要适合社会需要与学生需要，已在46节中说及，不再赘述。

教材选定之后应当为适当之排列，使其效用显著。排列的方法可有四种，即：（1）归纳的排列；（2）演绎的排列；（3）问题的排列；（4）设计的排列。归纳的排列，是先列举具体的事实，使学生了解，然后再从事实中抽出原则，以应用于其他类似问题。演绎的排列法与此相反，先原则后事例。此二种排列法较适宜于数学、文法及物理、化学等，至何时宜用演绎法，何时宜用归纳法，则视学生底基本知识而定。倘学生对于某科为初学，则宜先事例后原则，使其观念精确；若有良好的基本知识，则宜先原则后事例，以节省时间。问题的排列法，即以问题为中心，连类及之，很宜于社会史地等科。设计的排列法，亦以设计的单元为中心，不过范围更广，有时可将所有的课程编为一种设计，而且注意于实际的活动，很宜于公民、手工、语言、家事等科。普泛说来，任何科目都可采用四种排列法之任何一种，如何使用，全在教师底自决。

IV. 课程与教育

49. 课程底改选

课程在教育中诚然很重要，然而其本身决不就是教育。某学校底课程在论理系统上或特殊应用上极其完备，但不能说某校所施的教育即是良好的教育。甚且因为过于注重课程而忽略教育目的之故，课程组织愈完备者，教育反而愈不良。日本在南满设立的学校，其课程未尝不井井有条，但因其特别注意于殖民化，中国国民即在那些学校受教多年亦与国家无关，而不能谓之受教育。所以课程为教育的工具，其本身非教育的观念，我们应当明白了解，庶不致混为一事。

课程底组织，虽然以适应社会需要与学生能力及个性为原则，但实际上却不能完全适合。最大的原因，是社会与个人时时变迁，当制定课程标准时，虽然注意于实际调查，等到调查结果发达，社会各种情形又已发生变动，个人能力与个性也有改变，而课程底内容，又以文字的知识居最大部，文字的记述，无论如何，都不能恰合实际情形而无缺憾，教育者所视为最重要的材料，实际上或已不甚需要。所以课程无论怎样经过严密的研究而后规定，终当因生活的变迁而变迁。故任何学校的课程，都当时时力求改进，在不能达到最完善的途中，求实现较完善的希望。

50. 对于现行课程的批评

中国现行课程纳要，至民国十四年［1925］始有大体的规定，为时未几，又言改革，不是过于好言变动吗？在原则上课程固当时时改进，但中国现行课程之当改革更有其他原因，此原因之最重要者；第一，无统一的理想；第二，无严密的标准。民国十一年［1922］公布之新学制系统，除几条学制标准外，始终不及教育目的。照民国八年［1919］教育调查会拟定批准的"发展健全人格，养成共和精神"的宗旨，则纯系一种教育学说，根本与中国教育宗旨无关系。课程纲要虽然经若干所谓学者规定，但各种科目与各级课程均无一贯的宗旨互相灌注，所以课程底内容也漫无系统。这是当特别改进之第一点。国家教育既无确切的宗旨，而课程纲要又不以客观的事实为根据；小学与中学的课程标准，既然过于匆率（编者亦为参加人之一）而有偏于一地之嫌（江浙部分），师范课程纲要经过的时间虽然较久，但标准所根据的事实仍只是一小部的。以此通行全国，固难适合各地之需要，推行久远，更有以谬传谬之危险。此现行课程应当特别改进之第二点。

Ⅴ. 撮　　要

1. 课程为各学校中系统排列的普遍科目，与学校底功课有别，即前者为根据教育政策所规定之论理的、全备的、统一的科目，后者指各校对于各科之排列，及教学细目、教授程序等。

2. 课程不只以书本的知识为限，应包含德育、体育、群育、美育各事。而且因为它是达教育目的之一工具，所以常随人类生活的变迁而变迁。

3. 课程的发展以社会需要与心理要求为根据，故各时代各国家底课程互相差异。中国30年来课程的变迁都是由简而繁，其内容逐渐与社会生活接近。

4. 课程底功用有二：一在保持社会文化，一在予学生以系统的训练；社会文化之保持，应以有利于国家及不妨世界和平为前提。

5. 组织课程的原则有二：（1）训练实际生活；（2）注意学生能力与个性。厘订课程标准的方法有三：（1）调查社会需要；（2）调查学生成绩；（3）研究历史衍嬗。

6. 选择教材，以取其价值最大者为原则，排列教材的方法有四：（1）归纳的；（2）演绎的；（3）问题的；（4）设计的。

7. 在原则上，课程应时加改进，中国现行课程以无统一理想与客观的事实根据，尤当特别改革。

VI. 名词释义

七艺　欧洲中世纪初以文法、修辞学、辩论为三艺，算学、几何、天文学、音乐为四艺，合称七艺。

赤俄共产革命　1917年10月俄国革命，组织劳农政府，革命时以赤色为标志，故称赤俄共产革命。

VII. 问　题

1. 课程与功课之区别何在？规定课程的原则如何？

2. 课程何以跟着社会生活变迁而变迁？乡村小学底课程何以他科可以酌量合并，国语与算术科底授课分数不能减少？

3. 课程底功用有几？日人为朝鲜人所设的学校何以不教朝鲜语？

4. 课程组织何以要注意学生底能力与个性？怎样适应学生底个性？

5. 厘定课程标准的方法如何？

6. 判断教材价值的标准如何？

7. 试就初级小学第一年第一学期之国语课程为设计与问题排列，将算术为归纳与演释的排列。

8. 课程何以当时时改造？中国现行课程何以要特别改造？

VIII. 参考书

1. 余家菊：《教育原理》，中华，第四章。

2. 郑宗海译：《教育之科学的研究》，商务，第十一、十四、十五章。

3. 程湘帆：《小学课程概论》，商务。

4. Ruediger, The Principles of Education, chapter X.

5. Sleight W. G., The Organizaion and Curricula of Schools, clrapter Ⅳ, Ⅵ, Ⅶ.

第七章　教育与教学

I. 教学底意义

51. 教与学的关系

照中国旧籍底解释："教者，上所施下所效，学者，效也"，两字底意义相似。此两字在英文为 teaching，义为教训（instruction）与训练（training），在字义上虽与中国旧籍之解释有差异，但仍不足表示此两字之科学的含义。

照现在教育上普通意义，教与学为两事：学是学生学习，教是指教师教授，故欲明二者之关系，不可不先明二者底性质。无论何种生物，因为本能的冲动与环境的要求，都有学习的活动。例如雏鸡生来为着饥饿的驱使与食料的引诱，便发生啄食的动作。在此动作中，它一面得一种新经验，一面又可本此经验以指导未来的类似动作，这就是学习。人类底生活更复杂，学习底事物更多，从广义讲，人底一生，无时不在学习中过生活；而人类底大脑特别发达，思想支配行为的势力很大，一切动作除反射（Reflex）外无不受思想的支配，故学习一种事物都先从构成明确的观念起，等观念构成之后，再照此观念底指示发生动作。例如学习蹴球来伸足，决不是盲然的动作，必于球来身前之一刹那有怎样伸足之一观念支配动作。所以有人下学习底定义为构成明晰观念以指导、制驭行动或行为的一种活动（Learning is primarily a process of forming clear ideas that will serve to glaide and control behavior of conduct），实是很合理的。

没有人指导虽也可以学习，但所用的方法为试误法（Trial and error method），时间与精力都极不经济。教授就在指导学者使其学习的效率增加，所以教学为一种刺激、鼓励、指导学习的方术（Teaching is the art of stimulating, enccmraging, and guiding learning）。我们在此定义中最当注意的是教者对于学者只立于辅导的地位，即以其在学习上所有的经验示学者，使学者本此经验进行以增学习效率，决不是替学者治事。《学记》上所谓"虽有嘉肴，弗食，不知其旨也；虽有至道，弗学，不知其善也"，就是此义。

52. 学习底基础及原则

人何以能学习？是由于他具有天赋的能力。盲者不能知色调，聋者不能习音乐，是由于他们缺少辨色辨音的本能，所以无论何人，可以利用学习的方法，以增进其学习的效率，但决不能学习其本能所不能学习的事物。故人类底原始禀质（Original nature）为一切学习的基础。人类因个性的差异，难得有两人用同样的方法学习成功的事情，一切人均有学习成功之可能，而世界上特殊成就者少，庸碌无能者多，并非尽为天性所限制，学习的方法与教育的环境有最大的关系。一般人常将伟人之成就为成于天才，实则天才从努力中得来。天禀虽为学习的基础，发挥光大的责任，则全赖教育，所以教育方法的研究，极其重要。

人类有同性质的天禀，照理可以有同样的成就；某人习此而成，某人不成，则大半为学习底结果所影响。例如儿童都有学习语言的本能（除去哑子），倘若某儿因为说话而常为其父母所奖励，其语言亦较优于常儿，出席讲演而被人赞赏，将更努力练习，以至于发生作演说家的欲望而多方努力，竟至成为演说家；某儿因讲话常被抑制，则其结果反是。这即学习心理学上所谓效果律（The law of effect）：即学习某事而有满足的结果，则学习更努力，得不满足的结果，则不努力。故满足亦学习的第一原则。又如其人因学习其事的欲望特强，虽然在进行中受了许多挫折，但仍是努力不已，以求最后之成功。此种努力完全为欲望所支配，欲望实为学习的动机，故动机为学习的第二原则。教学方法底职能，在辅导学生学习，对于学习原则不可不特别注意。

53. 教学法底特质

照 51 节对于教学所下的定义，教学只是辅助学习的方法，凡方法所具之特质应当具有。所谓方法是一种发展经验、制驭经验之最经济的活动，所以有目的，有系统，有组织，教学法亦当如此。此外教学既以刺激、鼓励、指导学习为事，第一，当注意环境，以引起其学习的动机；第二，当注意学生感情，随时奖励，以鼓舞其精神；第三，当以曾经试验过的学习方法相示，以节省其精力。简单说：教学法底特质在根据学生能力，用经济的手段辅导他发展经验，支配经验，决不是中国科举时代之以成人经验为根据之强制注入法。

Ⅱ．教学底原则

54．引起动机

引起学习动机之重要，前节已经说及，其方法如何为本节所欲讨论问题。无论何人对于新事物都有学习的倾向，但无热烈的学习动机，则工作时极其苦痛。中国旧日教授儿童常用夏楚，不可谓不严厉，然而学生学习上的效果极少，其故就由于儿童对于《四书》《五经》无需要，无需要的原因是由于那些课本超出他们底经验范围以外。故引起动机的第一要事为明白学生底经验。了解学生经验的方法有二：甲、从儿童心理学上研究儿童、青年底一般能力，按照其程序予以适当的教材；乙、实际调查学生经过的学程及其生活习惯，使斟酌其应改应保的情形，予以相当的指导。第二当以学生底经验为根据，设备适当的环境，使学生处于其中，既不觉其与个人底经验相去太远，同时又有新奇的感触，而有学习的要求，现在的设计教学与道尔顿制即特别注意于此。

55．适应个性

任何知识之获得均以直接经验所及者为最有价值。例如音乐的欣赏，必得亲听乐歌，对于音节始有明了的观念，倘使只听他人讲述某种乐歌之优美而不亲闻其声，即有所得，仍属隔膜，所以教学法之第一原则在引起动机，使学生发生亲身经历的热烈欲望。不过因为遗传与环境教育的种种关系，各人有其特殊的个性，教授时在材料与方法两方面均当注意及之，所以教学法的第二原则为适应个性。要适应个性首先要明白个性，第二当设法满足其需要，第三当创造个性。明白个性的方法有二：（1）从学理的研究以求了解人类个性底特质及其普遍的差异，并应用测验研究其差异之量；（2）直接与学生接洽，考察其个性底特点及其倾向。此二者虽然都是有用的方法，但第二项尤为重要，因时与学生接洽，不独能了解其学习能力之差异，在感情上亦可融洽，减除师生间的隔膜，使教学无形增加效率。学生个性了解之后，便当设法满足，其方法亦有二：（1）改革旧日整齐划一的班级教学而代以适应个性的方法，如道尔顿制、哈沃特制（Howard Plan）之类；（2）予学生以课外指导，使能按照其能力自由学习。讲到创造个性，或者有人觉得过于奇异，实则社会上无真正的个人，各人底个性虽然一部分为先天的遗传所决定，又一部分则为环境与社会习尚所决定。中国人与日本人底个性最显著的差别为浪漫与严整，中国北人与南人最显著的差别为刚强与温雅，即同一父母之兄弟姊妹，亦因所处之环境不同而有很显明的差异，此均最普通的事实。谚语所谓"蓬生麻中不扶自直"，固然在相喻习俗移人的势力，但蓬直而后，即为它异于蓬之特殊个性。现在良好学校养成校风之后，其学生底言动均带有该校底特点，一望而能辨别，亦属此理。所以学生底个性可以用教育底力量去养成。教学方法固当设法适应个性，普当于适当之中养成其独有特质，使能表率群伦。不随波逐流为世所化。至于创造个性的方法，最重要者为"人格感化"，即无论治学治事均以身作则，使学生无形受其陶铸而成为一种定型。这实是教学中极重要的问题，我们不可忽视！

56. 教学格言问题

自斯宾塞（Spencer）将智育原理析为六条而后，教学方法遂据以推演而成六句格言，即：（1）由已知及未知；（2）由易及难；（3）由具体及抽象；（4）由经验及推理；（5）由简及繁；（6）由无限及有限。这几句话在教学上用得很广，所以成为格言，但不明各语底性质而为相当的限制，反要发生许多错误。第一项所谓由已知及未知，只是教师支配教材应注意学生已往的经验，其应用的范围只以教授知识为限，复习旧课则不适用。第二项含义甚广，一切教学均可应用，不过难与易的内容要先有根据，始发生效力，而难易的标准应以学生底经验为本，不可徒凭教者底主观。第三、第四两项性质约略相似，一般人学习新事物大概须经过这样步骤：既先对于具体的实物有认识的经验，然后再绎为原则，推论其他事物。在教学上之应用，第三项只有一部分功效，因为学生经验不充，其学习事物，虽然示以实例较易了解，但思想的启发却不可不先提抽象的原则，使其应用已有的经验为证。第四项应注重推理之锻炼，即使学生不以已有的经验为限，而时时从经验中推证他事，自求适应环境、创造环境的方法。第五项由简及繁与由易及难相似，在教学上之应用当注意儿童及青年心理，繁与简均以儿童能力为标准，而且要养成其分析的能力，使其对于任何复杂的事情能析为简单的项目分别处理。第六项亦非说教材组织当由无限及有限，乃指儿童心意起初为混沌的。学习事物无一定目的与限制，教者应导以一定的路向，使之据以进行。

Ⅲ. 教学方式

57. 方式底分类

教学方式（types of teaching）常因学科底性质及教师底目的而异，故其分类亦以此二者为根据。以教材性质为根据的方法有发表、练习、直观、归纳、演绎、研究、陶铸、欣赏诸项，以教师目的为根据的方法有教训、发现、启发、操练、诵习、考试、温习、功课指定诸项；不过两类方法的应用，并无严格的区别，有些教材可以同用数种方法，而某数种方法亦可同时并用以达目的，所谓"神而明之，存乎其人"，全在教师之临机活用。兹将各种方法之意分述于下。

58. 以教材为根据的方法

（1）发表法　儿童初学事物大半由做事得来，例如幼稚生学习文字，不能直接了解文字底意义，教师常用动作示意，他们要表现文字底意义时也以动作出之。此种方法，在幼稚园与小学初年教学中应用的范围很广；游戏、图书、手工等固当常用，就是历史与地理的知识，也可用演剧的发表法以教授之。实施此方法之要点，在引起儿童底兴趣，使他们自己跃然欲试，于动作中求得有组织的知识。

（2）练习法　发表法的活动以关于日常生活的事情为主，但有些事情，并不在日常生活底范围以内，实际上都极重要——如文字与教学——教师则预教以一定的方法，使之依法练习而成为习惯，以备他日应用。因为这种习惯，须多方练习方能应用，所以称为练习法，此方法最易胜于机械及与日常生活之应用距离太远，教者应当注意。

（3）直观法　教导学生不仅要他们学习机械的动作，并且要使他们能构成普遍的观念，应付事物。构成普遍观念的要素。是有具体的经验可资比较，所以应先扩充其经验，其方法就是直观。教师教授各种事物，都先示以实例，使其对于此事物有明确的印象，更时时导其与自然界、人事界各方面接触，养成其自动观察之兴趣。此方法最宜用于教授理科。

（4）归纳法　从具体的事实进而及于一般原理为归纳法，教授历史及公民学等很重要。此方法之要点：①明示所要研究的问题；②供给充分的事例；③助儿童将已得之实证分类整理；④使学生构成结论，用简单语言或文字表示出来；⑤使学生应用他事证实其结论。

（5）演绎法　演绎法底性质与归纳法相反，即由普遍原则及于个别事实，其要点有四：①使学生了解所欲解决之问题的要素；②考察与此问题有关系的原理而估定其价值；③将原理应用于事实之后，再构成推论，以备应用于他事；④使学生应用已有的知识推证此原则而发展其思考力。

（6）研究法　研究法是教师于学生有相当研究的能力以后，使他们自动学习，此方法之要点有九：①根据学生生活上的需要，引起其热烈的学习动机；②使学生自创研究方法；③鼓励儿童利用各方面已有的知识解决新问题；④研究问题须有公正博大的态度；⑤注意于书本外之实际观察；⑥详审自己所得与他人供给的材料；⑦选择材料为系统的组织；⑧有精确的习惯对于任何问题之解决都须眼到手到，不可徒凭耳食；⑨对于学习的工具须运用敏迅（如运用字典、参考书及语言文字之类）。

（7）陶铸法　陶铸法为实施德育的方法，其要有三：①以身作则。即一切言动教师先身体力行，使学生无形之中受感化；②提高理智。行为常为思想所支配，有高尚之理想者，其行为亦异于常人，故行为之间接训练为提高理智；③因势利导。甲、使学生有机会发表其意志，不随便压抑；乙、利用环境诱导其为善去恶。

（8）欣赏法　欣赏法为陶冶感情的方法，其要点有二：①美感的养成。即利用文艺、音乐、绘画、雕刻各种艺术的活动养成学生美的兴趣；②休闲的利用。即组织各种有益身心的集会，养成其正当的嗜好。

59. 以教师目的为根据的方法

（1）教训法　教训法底范围很广，凡教学上所用讲演法、问答法、讨论法等均在内。讲演法只由教师按照其预定系统讲说下去，虽然也要注意听讲者之程度，但不能顾其个别的需要，此法宜用整理已经教过之教材底系统，问答法则由教师发问使学生答复，再将其答案之不完全与错误者补充纠正之；讨论法由教师或学生提出问题共同研究解决之。三种方法底形式虽不同，但目的教在直接将教师所认为应当给予学生的知识直接给予之。

（2）发现法　教师使学生自己研究，自己发现问题，自求解决的方法。历史、地理之查阅图表、数学习题、理科实验均用此法，其要有四：①注意学生已有经验；②供给相当材料；③养成实事求是的习惯；④证实结果。教训法以教师底活动为主，此则以学生为主，二者底性质相反。

（3）启发法　启发法为介于教训与发现之间的方法，教师一面注意学生底经验及兴趣，一面运用暗示使学生自动，其要点有四：①调查学生能力与兴趣；②用适当的材料刺激学生，使之发生需要；③暗示或指导其解决问题的方法，使其自动研究；④证验结果。

（4）操练法　操练法与练习法同形式而异性质：练习之目的在正确，操练之目的在固定。习字与图书之学习最初总是不完全，但经过若干次反复动作后，便由不完全而达于极完全的地步，这就是练习之功。文字语言底发音，最初便要正确，倘初学时错误，以后便难于改正，故操练法之要点有七：①给予学生第一次的印象极正确；②告以成功的必要方法（如习英文拼音之口腔形状与发音器官等）；③引起其愿意反复练习的动机；④利用机会时时为实际的应用；⑤注意中途间断与不正确的练习；⑥特别困难的地方多加练习；⑦逐渐将练习时间延长。

（5）诵习法　考查学生成绩，常因学生底年龄而异，年幼者宜用口答，年长者宜用笔答。诵习（recitation）即口答的方法，目的在试验学生对已习学科之理解量，其要点有四：①发问之语言须简单明了，问题须富思考性；②助学生整理思想；③注意答案之语言及文法；④指正普遍错误。

（6）考试法　即考查学生成绩之笔答的方法，能使学生底思想有组织、有系统，其要点与诵习法者相似，不过偏重于文字方面而已。

（7）温习法　各种功课一直教下去易致漫无头绪，虽然学科底本身有一定的系统，但非在短时间教完，很易使学者不能连成一气，故某科之全部或一段落教完时，须有总复习以整理其系统。此方法之要点有三：①提出温习之材料，须精要而能概括全体；②辅助学生列表纪要；③使学生平时留意研究，提及纲要即能明了其内容的要点。

（8）功课指定法　功课指定（assignment）是于某科之某课完毕后，指定他课，使学生自己预备，其要点有三：①指示课程中应当特别注意之点；②指示学习方法；③调查学习成绩。

60. 良好教学法底要素

教学法底方式虽有种种，但其成功之要点相同。良好的教学法有三种要素：第一是有目的，第二是精力与时间经济，第三有良好结果。我们再三说过教育方法为达教育目的之一种活动，无论何种教学法，倘不能达一定的教育目的，根本上便不能存在，所以判断教学法优劣的标准，要以达到教育目的的数量为衡。我们又说方法是发展经验、制驭经验最经济的活动，良好教学方法，当然要能节省学习的时间与精力。节省时间与精力的条件有三：①初次的印象或动作要精确，因为学习的活动在心理学上看来，只是构成习惯，每种错误的习惯一成，以后即难改正，所以第一次的动作要慎；②学习上进行的步骤要有次序，例如算术，四则正习，决不学习深于四则之比例开方；③教材要能刺激学生，使之发生兴趣，有自动的学习动机。良好结果是诊断各种方法底效率的标准，良好的教学法自然要产生良好的结果，其条件有四：①动作敏捷；②观念明了；③进步速；④能应用。

Ⅳ. 中国现行教学法

61. 历史概述

《学记》说："善待问者如撞钟，叩之以小者则小鸣，叩之以大者则大鸣。待其从容，然后尽其声。不善答问者反此。"可见古代教学重问答与不重注入。孔子教授学生尤能循循善诱，适应个性，同一问孝对于孟武伯、子游、子夏之答语不同，即其明证。及至明季以八股取士，所谓士人日夕以章句诵读为事，童蒙入学，亦专注于此，数龄儿童，不问其理解能力如何，必使将《四书》、《五经》等之教材熟读至背诵如流；中等人家之子弟至10余岁始由教师讲解其字义。故科举时代的教育方法可以"注入式"三字包括之。庚子而后采用西法，兴办学堂，教学法亦经革新。张百熙《奏定学堂章程》对于小学教学法特为规定而注意于诱导复习（详《名词释义》中）。以后各学校虽经采用，但因不谙儿童心理与缺乏教学技能，仍多为注入的讲演。光绪三十三年［1907］私塾改良之空气甚浓，为教学便利计，始有单级小学之设置。三十四年［1908］，江苏派人赴日本专门考察，更设单级教授讲习所，各省推行。乡村小学之用此方法者甚多，但城市小学及中等以上学校之教学，仍大半为注入的讲演，民国八九年，始有人研究设计教学法，各省实施者以江浙为最多，民国十一年［1922］，道尔顿制始由英国传至中国，十二、十三年［1923、1924.］间盛行于各省。

62. 现行的方法

中国现在流行的教学法，在小学有单级教授、设计教学、道尔顿制；中等学校有道尔顿制；在幼稚园有蒙台梭利教育法；班级讲演法则通行于大中小三级学校，兹分别简单述之。

（1）班级讲演法　此法的教授单位为年级，同年级的学生大概自数人至六七十人，学生于入学时经过考试，编定年级，以后在校修业期间均随此年级而升迁；虽因学力不及而有留级者，但照此方法所规定决无因能力优越而升级者。教授的单位即属年级，所以教材之支配均以级底中数为准。为教授上便利，教学方法在半为讲演式，间有用其他方法如问答、启发等者，但为数甚少。

（2）单级教授　单级教授是因乡村小学校困于经费，无钱多聘教师，无余地多设教室而学生之程度又参差不齐，不得不分为数组，于是将程度不同的儿童编为一学级，以1教员同时教授（亦有用助手1人或2人）。此方法之要点在将各级功课配置适当，使学生有充分自动的机会；教师则宜事先预备充足，更当注意于养成学生自动的习惯。

（3）设计教学　设计教学（project method）之设计两字原用于农业作用上，1900年以后始见于美国教育言论中，后经美国 Kilpatrick，McMurry 等之提倡，更盛行于美国及中国。此方法之目的在使学校生活与社会生活一致，故对于儿童底自动活动极其重视。进行程序有五：①利用机会引起动机；②厘定目的；③共同计划；④实行预定的计划；⑤欣赏结果。

（4）道尔顿制　道尔顿制创始于美国之柏克赫斯特（Parkhurst）女士，因1920年在道尔顿中学试验成功，故名道尔顿制（The Dolton Plan）。此方法注意个别教学，将旧日的年级制打破，学生升级不以年级为本位，而以个人能力为本位：能力优者可多学习些功课或提早毕业，能力弱者反之；教师底主要职责在多为个别的指导，虽然也有讲授，但此班级制者减少甚多。其要点在鼓励学生自动，养成其遇事自求解决的习惯，而使学生个性均充分的发展。

5. 蒙台梭利教学法　蒙台梭利教学法（Montessori method）为意大利蒙台梭利女士（Montessori）所创，特别注重感觉训练，对于儿童用特别制造的教具练习其各种感官，其实施要点为言语简明、教材单纯、教材须用实物诸事。

63. 对于现行教学法之概评

上述五种方法以讲演法为最通行，设计教学次之，道尔顿制又次之，单级教授与蒙台梭利教学法则只以乡村小学及幼稚园。此五种方法有长处也各有短处：讲演法对于教者之精力与时间虽极经济，但太不注意——即注意也难于使之有适当的发展——学生个性。设计教学比较能使学校生活与社会生活接近而富有群化的精神，不过实施时优等生活动的机会特多，劣等生未免受影响。道尔顿制虽能适应个性，但太偏于效果的计算与书本的知识。蒙台梭利教学法虽能启发儿童底自动力，但太偏于感觉训练而忽略其他。单级教学虽然先为乡村小学之便利方法，但不及道尔顿制之便利，因单级教授实施时，教师直接教授的时间极少，全靠学生自动，与其用机械的形式规定学生在教师直接教授之旁工作，不如用道尔顿制的方法使学生自由学习，教师自由辅导。其他如葛蕾制（Gory Sshool System）、自学辅导（supervise study）、群化教学（socializing teaching），虽然也有人研究，但少有实行者，故不论及。

V. 撮　　要

1. 学习为构成明晰观念以指导、制驭行动或行为的一种活动；教学是刺激、鼓励、指导学习的方术，其特质为辅导学生以最经济的方法达到学习的目的。

2. 学习以天禀为基础，努力为动因，要学习有成须注意于满足与动机两原则。

3. 教学上的普通原则为引起动机，适应个性，旧日的教学格言虽有优点，但不尽适用。

4. 教学方法可以教材性质及教师目的而分类：属于第一类者有发表、练习、直视、归纳、演绎、研究、陶铸、欣赏诸法，属于第二类有教训、发现、启发、操练、诵习、考试、温习、功课指定诸法。而有目的、精力与时间经济及良好结果为良好教学法不可少的条件。

5. 中国旧日对于教学原重启发，科举而后，始流行机械的注入，清末改行学校始以启发为言，但实际上仍为注入的讲演。现在通行的教学方法有班级讲演、单级教授、设计教学、道尔顿制、蒙台梭利教学法等，但各法瑕瑜互见，均可使用，惟单级教授以道尔顿制代之，反较便利。

VI. 名词释义

试误法　初遇新环境无预定的方法应付，只凭机会乱碰，经一次失败即改进一步，逐渐以至成功。此方法儿童学习新事物多用之。

哈沃特制　英国克拉普顿女子中学（County Secondary School, Clapton）校长哈里斯（O'Brien Harris）所创，于使学生自由学习之中并限制其过度的活动，不若道尔顿制之极端重视学生自由活动。

斯宾塞智育六原则　（1）教育宜由单纯而进于复杂；（2）教授宜由特殊事项进于一般原理，即始于具体，终于抽象；（3）儿童教育之顺序方法，宜与人类之种族发展一致；（4）教育宜由经验的进于理论的；（5）教育宜使儿童自行观察，自行推理，养成自学自习之风；（6）教授法之得失视儿童兴味之有无为断。故教授上使儿童生不快之感，有害其精神之发育者，宜摈去之。

张百熙　清光绪二十九年［1904］时之管学大臣，首先奏定学堂章程者，对于小学教授法之重要规定如下：（1）凡教授儿童须尽其循循善诱之法，不宜操切而害其身体；尤须晓以知耻之义，夏楚之事，断不宜施。（2）凡教授之法以讲解为最要，诵读次之；至背诵则择紧要处试验，若偏责背诵，必伤脑力，所当切戒。

Kilpatrick　美国哥伦比亚大学教授，著有《设计教学法》（The Project Method）一册，其他著作甚多。

McMurry　美国北伊利诺斯（Northern Illionis）北部师范学校实习主任，兄弟两人，均为美国教育专家，兄名Charles，弟名Frank，提倡设计教学者为Charles，著有《设计教学》（Teaching by Projects）。

Ⅶ. 问　　题

1. 试就雏鸡啄食研究其学习的方法。
2. 教学何以重在辅导学生自动？学生都能自动吗？
3. 何谓个性？个性何以可创造？现在的教学方法能适应个性吗？适应个性的方法如何？
4. 什么是归纳法？归纳法与演绎法之互别如何？二者之效用如何？
5. 考试底种类有几？方法如何？何以要考试？
6. 良好的教学法应具什么要素？
7. 参观附近小学校底教学，看其用何方法而评其优劣。
8. 单级教授与道尔顿制的区别如何？道尔顿制何以可替代单级教授？试拟替代之具体方案。

Ⅷ. 参考书

1. 舒新城:《现代教育方法》,中华。
2. 舒新城:《中学教学法》,中华,第一编。
3. 舒新城:《普通教学法纲要》,中华。
4. Bagley and Keith, An Introduction to Teaching, chapter Ⅱ.
5. Wellon, Principles and Methods of Teaching, chapter Ⅰ, Ⅱ.
6. Monroe, Cyclopedia of Education, Vol. Ⅴ, Types of Teaching.

第八章　教育与训育

I. 训育底意义

64. 训育底对象

《说文》说:"训,说教也";《字汇》说:"训,导也"。训、教两字在中国旧日的字义原属相通,训育好像就是教育。不过现在教育学上所称的训育,实与教育大异其范围,即训育偏重于受教育者之感情意志的陶铸方面,教育则总括教育者对于被教育者所施予之一切教诲。

因为训育两字底意义无确切的界限,所以训育底对象也常发生问题。从理论上讲,知与行本不容易分开,中国虽然有"知之匪艰,行之维艰"的成语,但任何行为中都有知识在背后支配一切,任何知识也有用行为以表现的倾向,所以中国旧日的教育,教学与训育并无严格的区别;如书院制、私塾制大半均由一教师总持一切,学生无论在知识或行为方面都以教师为模范,教师亦只尽其力之所能者竭忱指导,更不问何者为训育,何者为教学。变法而后,废科举,兴学校,因教师只于上课时负传授知识之责,不问学生底行为如何,于是始有管理员或学监监督学生底起居饮食等等事项，主要目的在执行规则，使学生表面遵行，只是消极的裁制而已，并不积极的指导。五四而后，各校有将管理员、学监改为训育员或指导员者，但他们对于学生所负的责任，与从前无大差别。不过从上面所述的事实中，我们可以得着一个概念：即训育为处理学生知识之学习以外的事情，其对象为行为。

行为有广狭二义：狭义的行为是伦理学上的名词，是根据自由意志的道德活动；广义的行为则指具有意识的活动，本能以外的活动均属之。训育底目的自然在养成学生道德的行为，但其过程须以广义的行为为始基，所以训育底对象是以广义的行为为基础，狭义的行为为目的。

广义的行为既为本能以外的活动，故其范围极广，训育的事项也极多，意志的锻炼、感情的陶冶固为训育所当注意，即良好学习习惯之养成亦为训育所不可忽视。负训育责任者决不只训育员，一切教师均当同负其责。

65. 训育底要素

人类因为具有遗传的活动能力，堕地即能动作。不过仅有本能的动作，决不能自存，尤不能生存于现在的社会，所以行为必须锻炼。行为锻炼的步骤，大概可以分为三项：（1）被动的遵从；（2）自动的遵从；（3）反省的自范。人当幼稚时期，对于社会的需要与行为底结果均茫然无知，顺着本能的要求自然活动，很容易发生危险，所以此时的父母或保姆时时用命令鼓励或禁止其活动；儿童自己既无充分的经验，故常处于被动地位，遵从命令，至于此命令之内容却少能理会。及至年龄稍长，经验较多，对于各种活动底前途有相当的预知，不必事事依赖长者底命令，而能自己处理其动作；不过因经验与修养的关系还不能达从心所欲不逾矩的地步，教师或长者不能不设一定的规则，使他们底举动有所遵从，而他们此时的遵从，也不是盲目的服顺，自己能了解规则底意义而愿意遵守，所以称为自动的遵从。及至知识与经验都极充足，处己对人对事均能自立范围，有规则固然能明白其用意而切实遵守或觉其于理不合而提议修改，即无规则亦不至为非作乱，此时完全是用自己底理智范围自己的行为，所以称为反省的自范。

行为的锻炼虽然有上述的三种阶段，但训育底目的重在养成自决的行为。要养成学生自决的行为：第一，要使他了解各种行为底内容；第二，要使他有中心思想，为行为的规范；第三，要有导率；第四，要使环境能供给他行善去恶的机会。所以训育底要素，不是对于学生行为的消极制裁——虽然在必要时也不得不偶尔用之——乃是：（1）灌输其正当的知识；（2）设备适当的环境；（3）以身作则的人格感化。换句话说，训育是教师用人格力陶铸学生行为的教育活动。

II. 教育原则

66. 训育目标

训育为达教育目的之一种方法，其目标也当随教育目的之变迁而变迁。例如前清底教育以尊君尊孔为主旨，训育亦以尊君宗孔为言，民国初元教育宗旨注重道德教育，训育亦特重国民道德。自"养成健全人格，发挥共和精神"的教育宗旨宣布而后，训育亦无一定目标：有主张以"为个人造互助的社会，为社会造独创的个人"为训育目标者，有主张"以养成自动能力，维持公共秩序"为训育主旨者，但是否为切合国家需要的方案，却难断定。当此外患内忧交逼的中国，不得不希望教育救国。欲以教育为再造国家的工具，首先要使国民有爱国心，而爱国心之构成不是凭空而来，必得以本国文化优点为背景；爱国的活动亦非盲目的乱动，必以个人独立与遵守公共秩序为前提；所以今日中国多级学校训育的普遍目标可有下列三项：（1）养成个人独立能力；（2）遵守公共秩序；（3）为国家服务。

67. 养成习惯

训育底目标定了，实现目标的方法是我们所当注意的。各种具体方法，当于下段详之，现在只述支配那些方法的重要原则。

心理学者常说人生是习惯的，竟谓人类底生活常为习惯所支配，此话实有至理。我们日常生活中的种种活动，虽然极其复杂，但均能处置裕如，就是习惯底功用。倘若成人也像婴儿，饮食起居都要学习，不独不胜其烦，即欲生存亦且不能。习惯既成之后，在生活上固然使我们便利，且有保守性能使我们对于种种重大的牺牲，视若故常而决然乐就。乡间吝佛的人平常供奉菩萨惯了，某处行香建醮不能参与固然悒悒不乐，倘有人毁谤仙佛，更要怒目相加，甚者实行殴斗，即有牺牲亦所不顾。现在日本人之对于天皇，罗马人之对于教主，有人侮辱毁谤，势必与之拼命；其他如各国人民对于其国旗见有加侮辱者亦莫不愤恨填胸，立思雪耻。这些举动，并非先天的特性，都是由教育养成的。谚语说："习惯为第二天性"，确能表示习惯底性质与力量。所以要学生能自立，固然要养成其相当的能力，使他能不依赖人，而养成以依人为可耻的习惯更为必要。现在社会上之依人为生与依人作恶者并非无自立的能力，只因依人的习惯牢固不拔，不愿自立而已！其他如遵守公共秩序更属易为之事，只要有自治的习惯，知耻的意识，便不会无故为破坏秩序的事情。为国牺牲似乎是很难的事情，其实国民有爱国的习惯，实行起来并非难事；历史上为国丧生的事实固随时可以寻出，即从愚妇愚夫之以吝佛而丧生的事实看来，亦可为切实的证据。所以训育的第一原则是养成学生底良好习惯。

68. 引起信仰

现在学校教职中之最为学生所深恶痛绝者无过于管理员——此就普通情形说，亦有管理员极为学生所信赖者——管理员所以招怨之原因，一部分由于执行校规干涉学生越轨的行为，一方面则由于30年来之新教育历史素不重视管理员，常随便以不能负教学责任者充任。人类底生活固大半为习惯支配，而习惯底决定与其谓为理智毋宁谓为感情底功用。因为习惯之所以成为习惯，必得反复练习，而某人对于某事之愿为反复的练习，必他对于此事有满足之感。所以感情的满足又以信仰为重要条件。讲到感情的满足，或者有人以为是迎合学生心理而利用其弱点，实则此种说法在理论上固然说不通，在事实上亦无效；因为利用学生弱点而迎合其心理虽也可以使他们有满足的感情，但只是一时的瞬感而已。他们智识稍进步，能发现从前的错误，不独好感失去，而且有一种愤恨的反感相随。所以真欲引起学生信仰，要以人格力博得学生底好感。人格力底内容极复杂，最重要者是言行合一、富同情心、诚实公正诸事。倘若教育者能事事以身作则，律己以正，待人以诚，纵使主张不为学生所取，对于其行为亦有肃然起敬之好感，而无形之间受其影响。青年与儿童心性纯洁，感情热烈，倘使教育者之主张真系至公无私，不含其他自利的作用，决不会不为他们所不取。若果个人人格能博得学生底好感而引起其信仰，言语行动固无形中为他们所模仿，即偶有误会而不为他们所信任，亦极容易解释。有些学校常因小事发生风潮，致使职员无法处理，而素得学生信仰之教师，一言即可解决，亦事实上所常有。故教育者当以自求进步，努力修养，以引学生底信仰为训育中最重要的原则。

Ⅲ．训育方法

69．消极的方法

训练行为的方法可以分为消极积极两类：消极的方法是防止不良动机或处理已成的错误行为，积极的则一面启发其善良的动机，一面指导其向上；论效用自然积极的方法为大，但因事实上之需要亦不能尽废除消极的方法，不过运用时当特别注意不可以方法为目的而已。属于消极方面者有禁令、惩罚两项，属于积极方面者有诱导、发泄、移接、反省4项，兹分别述之。

（1）禁令 学生因年龄与知识的种种关系，对于某种事物不能深切了解其利害，而该事物之本身又含有危险性——如临深渊或嫖赌之类——又不容他们去尝试，只有发命令禁止之。禁令底要点：①对照当时此地之情形；②命令者自己身体力行；③使学生明白禁令之用意。例如某校前面有深渊，始可以发"不善游泳者不得入浴"，有妓馆始可以发"不得狭邪"的禁令，否则徒为多事。此禁令既经发布，教师须身体力行，否则不独为具文而已，反由此引起更不良的行为。禁令之目的虽在防止学生之尝试，但所以不许尝试之理由应明白宣示，否则将因怀疑而不遵行或更去尝试。

2．惩罚 惩罚有两种意义：一为自然的惩罚，一为人为的惩罚。无论做何事，倘其结果不能如所预期，便会有不满足之感，这就是自然的惩罚；若某事不为法制或规则所许可而自由动作，发生不良的结果，执行法规者予以处罚，叫作人为的惩罚。这里所说的惩罚是属于第二种，即学校为维持公共秩序，增进公共幸福，有一定的规则为学生所当遵守，倘学生犯此规则，教师可按照规程予以惩罚，惩罚之目的，在予以不满足之感，使同样的动作不为反复的练习以成习惯。其要点有四：①注意学生个性；②注意行为底动机；③处罚的事项须能使学生了解其用意而自动改过；④处罚事项须有防止同一过失蔓延及于他人的功效。

70. 积极的方法

（1）**诱导法** 即利用环境的刺激，引起学生底善良动机与以身作则，使学生受感化而时时向上的方法。此方法之目的在无形引导学生向上，故不持权威的命令，只重无形的陶化。其要点有六：①供给良好的环境，使学生优游其中，有"蓬生麻中不扶自直"的功效；②了解学生个性，予以适当之辅助；③用文艺的教材陶冶其感情，使其行为纯洁；④以贤哲言行示范，养成其道德的情操；⑤注意善良行为之奖励，以养成见善乐为之习惯；⑥遇事以身作则，使学生无形受陶冶而自然向上。

（2）**发泄法** 人生而好动，儿童与青年尤甚。此时只可因势利导使其为正当的动作，决不可压抑使之不动，而使其潜意识寻求不正当的路向去发泄。例如儿童因好动而常有破坏用具的事情，教师与父母决不可因其好破坏而禁居室中，应当设法引导，使之为有益的游戏以发舒其剩余势力。倘若不让他们为适当的发舒，在禁令有效的时期中固然俯首帖耳不为他事，禁令一旦失效，即无所不为。发泄法底目的在使学生于自由活动之中求得控制经验的方法，养成勇于为善的习惯，故课外活动的指导，在训育中极其重要。此方法之要点有四：①组织各种课外活动，训练学生团体生活；②教师参加团体活动，自为团体中之一分子，以去除师生隔阂；③不滥用威权，使学生自己所感不如意的事情，可自由向教师申述；④考察各个学生所处的境遇，用适当方法调剂其苦乐，使之向外发泄。

（3）**移接法** 人类底本能虽无所谓善恶，但有些性向若无适当的训练，便足为人群之害。例如争斗本是一种本能，若不加训练则将流于勇于私斗，于社会秩序很有妨害。教育者对此性向，并不必用消极的方法抑制它，最好以服务国家、为国牺牲的事实去训练他，养成其为公仗义的精神。移接法底目的在将原始的性向用积极的方法，提高其效用。其要点有三：①利用环境底刺激为改变性向的工具，故宜特别注意于学校底设备；②注意学生休闲活动，随时加以指导，减少其与不良境遇接触的机会；③参加实际活动，养成学生为公服务的精神。

（4）反省法　规则虽有轨范行为普遍的性质，为一般人所当遵守，但终是外部的势力，不易支配内心的活动。学生当青年期，自我扩张，自尊与好奇心极为发达，往往故为偏激的主张以自矜。教师若用命令或规则规正之，他们不但轻视而已，甚且为激烈之反抗。故中等学校的训育问题常多于小学校，而且不易处置。此时训育上最要的方法为养成其自律的习惯，即使学生自己反省自己的行为而时时改过迁善。反省法之要点有五：①引起学生信仰，使语言易于人耳；②指正学生错误须平情度理，剀切开导，使自知其非；③时时灌输其关于修养之知识，使其行为有所取法；④利用事物之对比养成其分析的习惯，使反省有据；⑤利用团体活动养成自治能力。

Ⅳ．训育现况

71．训育现状一般

训育为中国改行新教育后的新名词，因革改时将训育与管理混为一事，及五四后议会式的学生自治会理论风行一世的两种原因，现在学校中训育状况有两种很相反的极端现象，即：（1）严格压抑；（2）极端放任。

中国历史上常以君师并称，所以师严道尊的观念深入人心。科举时代，私塾教师对于学生之威严，几如监狱者之于囚犯。改行新教育制度以后，形式上虽然有所更改，实际上从前之任管理员者，大多不明教育原理，仍本其师严道尊的遗意，以发现学生短处、干涉学生行动为职志；学生被视为机械，一言一动，均须得管理者之许可。在表面上学生对于校规，几无不奉行惟严，对于教职员之命令，无不马首是瞻，但实际上则压抑愈甚者，其被压的意志向外发舒的要求愈切，结果在校内固然暗中作了许多不合理的事情，出校更少特立独行之士而为不良社会所沦胥。这种现象内地学校之大部分与自显校规严肃的学校常有之。

自"五四"学生运动偶然成功之后，学生在社会上的地位陡增，不健全的舆论更提倡所谓"学生自治会犹议会，学校行政人员犹政府官吏"的理论以鼓荡之，近年"阶级争斗"之说盛行，更有利用青年弱点，倡学生与教师为对等阶级互相争斗者。于是学生底声势更增，几于社会、国家、世界上之一切事情，均可由在校学生处理之，学校底风潮更层见叠出。主持教育者因政局之变换而任免，贤者固难久于其事，不肖者亦可因缘为奸，学生无良师指导，顺其本性之行动与外力之鼓荡更可逾越常规，为所欲为，教师畏其凶焰，惟以无事相安，放任自不待言。放任过度，社会责难群起，教育者更有假军警力量以整顿学风以期博得同情。此种现象，都市学校之一部分与自号开明之学校常有之。总之，现在的师生，就一般情形言，不仅是路人而已，直是敌人，与训育本义相去甚远。

72. 今后的方针

上述两种现象固然是极端的表征，其中亦有师生感情融洽、校风优美的学校，我们不能不说是训育之功。以全国之大，这种事实自然是常有的，不过就我平日观察所及，有训育可言的多是小学；因为小学校之教学与训导，大概由教师担任，不像中等学校教师不负指导学生行为的责任。中等学校这种二元观（知与行截而为二，即教师专负知识灌输的责任，管理员或训育员专负指导行为之责）的教育方法固然不合理，而各级学校之训育无重心，尤为教育上的最大问题。所以今后的训育方针：第一，当注意的是训育目标，即全国学校想把全国学生训练成为一种什么人，各级各个学校要把各校学生训练成为一种什么人要先立目标的；目标定了，再照着拟订具体的方法去实施；第二，当打破知行对立的二元观，因为知与行不是一事底两面，决不能截为两途，则训育的责任，应由教师担任，不当另设专管学生行为的人员；第三，要设法减除外部不正当的诱因，教育诚然是有效的，可以改造国家，改造人性，然而环境底影响却可以减少教育底效力，例如教育者指导学生组织自治会，训练其自治能力，舆论日日鼓吹他们治校，你底力量再大一点，也不能不受其影响，而使多年与多人的训练基础发生动摇，教育者对此，只有不避险阻，尽力陈言，改造舆论；第四，当注意教师底修养，训育原是教师用人格力陶铸学生行为的教育活动，应首先使自己有能陶铸的资格，然后方可收效。

训育问题不只是训育的本身而已，实是教育宗旨问题，我们应进一步努力！

V. 撮　要

1. 训育是教育者用人格力陶铸学生行为的教育活动，中国往时教学与训育不分，变法而后，始有训育的名词，但实际上大半为消极的管理。

2. 训育的普遍目标有三：（1）养成个人独立能力；（2）遵守公共秩序；（3）为国家服务。

3. 实施训育的普遍原则为养成习惯与引起信仰；二者均当注意感情陶冶与人格影响。

4. 训育方法分消极积极两类：消极的方法有禁令、惩罚两项，积极的方法有诱导、发泄、移接、反省四项。

5. 现在的教育状况不流于严格压抑，便流于极端放任；前者由于历史之师严道尊及初办学校不明训育真义所构成，后者为"五四"后学生偶然成功与社会上不健全的舆论所激成。

6. 今后训育方针当注意者四事：（1）厘订训育目标；（2）打破知行对立的二元观念；（3）减除外部不正当之诱因；（4）教师修养。

VI. 名词释义

伦理学　英文为 Ethics，专论道德的学问。

自由意志　此处指伦理学上的自由意志，意谓对于一事之思虑抉择等等活动均由己意决定，不受外部的干涉。

潜意识　变态心理学之名词，英文为 subconsciousness，即被压抑不能发舒而潜藏于心意之下的意识。

剩余势力　心理学名词，英文为 superlfluous energy 即维持生活以外的多余势力。

VII. 问　题

1. 什么是训育？其特质如何？
2. 何谓人格感化？其方法如何？
3. 普遍的训育目标有几？还有应当加入的目标吗？理由何在？
4. 人生何以常为习惯所支配？养成习惯的方法如何？
5. 你生平最信仰何人？试将信仰的原因分析之。

6. 惩罚与褒赏的效力在训育上的价值如何？何种情形当用惩罚，何种情形当用褒赏，试举例说明之。

7. 述你在小学时对于教师的感情，与中学时比较之。

8. 中国训育现状，何以有两种不良的极端现象？用何法改进？

VIII. 参考书

1. 陈启天：《中学训练问题》，中华。

2. 周天冲：《中小学训育问题》，中华。

3. 元尚仁：《德育原理》，中华。

4. 《中等教育》第1卷第2期，商务。

5. 舒新城：《一个改革学生自治的具体方案》，载《舒新城教育丛稿》第1集，中华。

6. Perry, Discipline as a School Problem.

第九章　教育通论

Ⅰ．教育底范围

73. 教育底内容

以上八章曾将教育与各种教育活动的关系为大概的叙述，此章总合讨论其内容，以便读者更据以进而研究。

教育原是人生中一种实际的活动，时无古今，地无中外，有人类便有教育，故教育底本质原为一种实际的事业。后来经过长久的时间，多人底经验，发现教育活动有一定的理法可寻，于是理论的教育产生；因理论能指导未来的活动，所以教育成为一种专业，而理论的研究反占先步。实际的教育可分为普通的、特殊的两大类，理论的教育亦可分为哲学的与科学的两大类，各大类又可分为若干小支，兹列表明之：

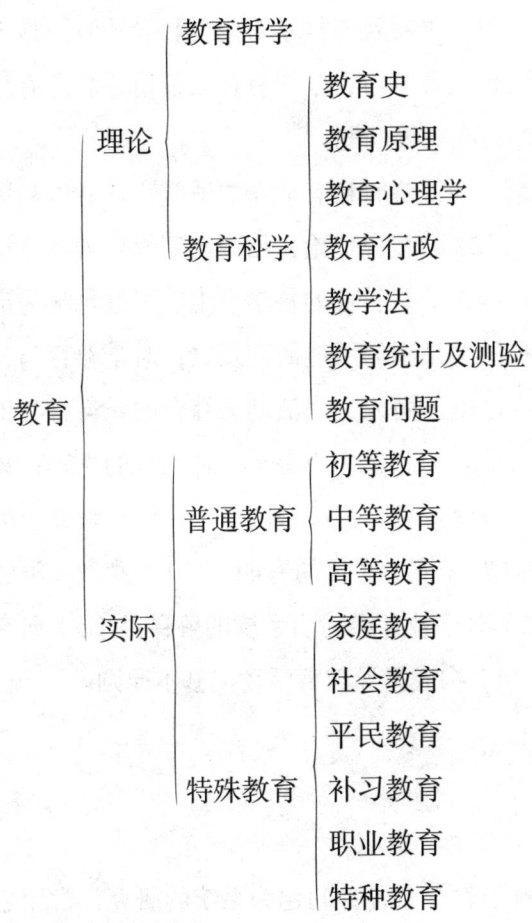

以下分段简单说明之。

Ⅱ．理论的教育

74．教育哲学

　　哲学是研究意义与价值的学问，其对象与科学并无差别，不过研究的态度不同而已。例如教育学以人类底学习情形为对象，教育哲学亦然，不过教育学所研究的是关于人类学习底本质及怎样学习怎样教导才收效最大等等问题，教育哲学则问人类为什么要学习，学习有什么价值，教导有什么意义，教导与学习最后的目的何在等等问题。

人类因为有满足需要的天禀，遇需要时自有动作去适应它，所以初民时代虽也有实际的教育，但并无系统的教育理论，更说不到教育哲学。后来社会进化，教育经验逐渐有系统，于是教育的科学发生。不过科学为部分的系统知识，对于此科与他科的关系固然不能研究及之，对于教育与其他社会活动的关系尤非范围以内之事。而人类底活动为综合的，教育与他事既有关系，任何人对于教育有确切的意见，亦必是一种综合的见解；集合各方面之教育经验与各学者底教育意见，为综合的研究，构成教育上的根本原理，便是教育哲学。所以教育哲学底目的有四：（1）发现人类经验中之教育的意义与地位；（2）对于教育经验为系统的解释；（3）研究教育与其他社会活动的关系；（4）构成指导教育活动的基本原则。

75. 教育科学

教育科学是用科学的方法对于教育上各种问题为系统的研究，常用之方法为试验法、统计法、比较法。因其系分部的研究，所以分下列各项说明：

（1）教育史　教育史为研究人类教育活动之变迁的科学，专载历史上之教育理论者为理论的教育史，专载历史上之教育实际活动者为实际的教育史。教育史底目的在将历史上各国人所发明的学理及其实验的结果为系统的研究，专核其异同，比较其得失，一面为实施教育之鉴戒，一面据以创造新学理新事业。换言之，教育史底功用在使教育者鉴往知来，不抄无益的现路。人类有通性，欲取法他人当明世界教育史，而各国有特性，要改进故物，发展光大以自存于世界，尤不可不明本国教育史。

（2）教育原理　教育原理又称教育学，即从生物学、心理学、社会学各方面的观点说明教育实施的一般原则，目的在予学者对于教育以鸟瞰的观念，范围常因著作者底见解而有出入，大概关于教育目的、方法、资质、课程、训育、养护、教育效果等均有相当的论述。

（3）教育心理学　教育心理学专论教育上应用心理学的原则与方法，而偏重学习方面；其范围至不确定：有将普通心理学之后附以教学应用即名为教育心理学者，有专论人之禀质、学习心理及个性差异者，有将团体活动加入者。不过目的都在使教育者了解学生学习底本质，而增加教育上之效率。因此，我主张将儿童心理、学习心理、个性差异、社会心理、变态心理各部分之有关教育应用者总括为教育心理学，以应中国社会需要者。

（4）教育行政　教育为一种实际的事务，管理与组织的方法均须研究以增进效率。研究教育上一般组织与管理者为教育行政，研究学校之组织与管理者为学校行政。教育行政底范围很广，因其偏重于政治方法，故国家教育政策、实施计划、调查统计、指导考成等均当研究，学校行政则只以学校教育为限，故校务管理、课程组织、职权分配、学校设备等等均当研究。因为教育行政与学校行政最重要的目的在增进服务效率，所以统计学调查法为此科必要的基本方法。中国自改新教育以后即不重专业训练，教师固无一定限制，学校与教育行政人员尤多滥竽，此则研究教育者所当特别留意。

（5）教学法　教学法系专门研究教学原理与技术者，其定义第七章曾经说过。专论教学原则者为教学法原理，其内容大半为关于学习心理与教材选择及组织问题的理论；专论一般教学技术者为普通教学法，分论各科教学技术者为各科教学法。又因中小学教材之性质不同，学生之能力差异，教学技术不能完全相同，更有小学或中学普通教学法与各科教学法。

（6）教育统计及测验　教育统计及测验均为教育方法之一，因二者之关系甚切，故合为一项。教育统计是运用统计的方法处理教育问题。例如某校有同年级的学生两班，要比较其总成绩，便不可不将两班各个学生底各科成绩总加起来，用人数除之，看所得商数孰大，即可知两班成绩的优劣；其他如考试成绩的计算，教材标准的支配，均不可不利用统计方法。教育统计最大的功用，在能发现数量的差别以为改进的根据。普通的应用教育统计，其内容大概只包含：①位置数；②差异数；③关系数三种方法，间有将图表报告法列于其内者，其目的在节省阅者精力。

测验是用一定的材料制成问题——文字或非文字——使人答复以验其能力，其目的在求得度量精神特质的单位，普通分为两种：一种是智力测验或称心理测验，即测量先天的遗传特质；不过因为人类生来就受环境的影响，要直接测验先天的能力，事实上几于不可能，一般教育者编造智力测验标准，不过择几种受环境影响较少的能力为根据而已。一种是教育测验，即测验后天所受的教育——现在大概专指学校教育——效果；不过各校教育实施之情形至不齐一，中国现在课程标准尚不能统一，测验标准很难有定，所以结果也难得正确；不过教育测验可以发现学校底缺点与学生底努力情形，使教育者自己评衡力求改进，故其效用很大，各校采用者很多。近来TBCE的测验方法通行国内，中小学校成绩考查与入学考试等等略有客观的标准，不似从前之以教师主观的意见判学生能力底高下，而发生种种不幸的贻误。测验所得的结果，必得用统计方法表示出来，效用始显，故统计与测验的关系最切。

（7）教育问题　教育既一面为实际事业，所以问题也随时随地而有。问题有普遍者有特殊者，但既有问题，势不能不求解决，于是教育问题之研究在教育科学中成为独立之一支。教育问题常以教育事业而分类，如中学教育问题、小学教育问题、中学或小学教学问题等等。研究问题之方法：第一步求问题的事实，第二步统计结果，第三步设法解决；三步中以第一步最重要，倘所据的材料不正确，其他均等白费，所以研究教育问题的教育调查在美国成一门专门科学。

Ⅲ. 实际的教育

76. 普通教育

教育事业因经营者之对象不同，可分为普通教育与特殊教育两项。普通教育在学制上为正系统，而且以国家经营为本位；特殊教育在学制上为旁系统，国家虽当尽力经营，但不以国家经营为原则，常由私人或私法人主持。属于第一项者有初等教育、中等教育、高等教育，属于第二项者有家庭教育、社会教育、平民教育、补习教育、职业教育、特种教育。

（1）初等教育　初等教育各国多定为义务教育，由国家对于六七岁至十二三岁之儿童施以国家根本教育，以授以人生必具之知识、养成良好国民为目的。中国现在暂以4年为义务教育年限，在法制上以国家经营为本位，不过实际上教会及外国人——如南满之日本教育事业——办理之小学不少，义务教育亦为其代营；不独于国权有损，且足以破坏国民底统一意识，在中国教育上为一重大问题，我们不可不注意！照新学制规定：初等教育时期共6年，年龄自6岁至12岁，分为两期，前期4年，后期2年。6岁以下之儿童入幼稚园，亦属初等教育，不过课程上无正式的规定而已。

（2）中等教育　中等教育以实施较高之国民教育养成社会中坚人物为目的，照新学制规定：年龄自12至18，并分高初两级：初级中学以施行普通教育为原则，职业训练为例外，高中则以职业训练为原则，普通教育为例外。与中学教育并立者为师范教育，不过中学仍可设师范科，故中等教育以中学教育为本位。英美各国虽早有人倡中学教育普及（Secondary education for all）之说，但实际上还不能普及；至于中国则相去甚远。所以中等教育究竟的目的,只是一种较高的国家根本教育——国民教育——不过目前因为国民受中等教育之人数甚少,有机会受此种教育的人都是经过选择而来,大概为优秀分子,享受教育的权利较多,对于国家的责任亦较大;他们在社会上一面负领导一般群众的责任,一面又须受专家的指导,实是承上接下的居间,地位极其重要,所以在现在情形之下,应以养成社会中坚人物为暂时的目的。不过目前的中等教育,因一面受从前士人不治生产的影响,一面无良好的训练,中等学生在社会各正当职业中能占一席地者尚少,更说不到中坚人物,实一最可注意的问题。

（3）高等教育　高等教育以实施专门训练、研究高深学术、养成硕学闳材担当国家大事为目的。照新学制所定,学生年龄为18至26。高等教育在任何国家都只有少数人享受的权利,入大学者既经几次选择,更为国家中等优秀分子,能力既优于一般人民,责任更重于一般人民,故对于国家兴亡大事更应特别负责,无论在学术与行动上都当以养成特殊的领袖人才为目的。因高等教育重在专门训练,所以分科甚详,有医、法、文、理、师范等等单科或多科的大学。不过中国近来私立大学滥设,有名无实的很多,而最初改设学校即带科举性质,30年来高等教育的历史即缺乏为学术研究学术的精神,加以政治上社会上各种恶影响相逼而至,高等教育之目的实不曾达到许多,对于学术事业均少贡献,值得教育者努力!

77. 特殊教育

（1）家庭教育　人类生来即须受父母之辅育始能生存,父母对于子女亦无不尽力指导,此种家人父子间的教育活动为家庭教育。家庭教育虽是人类生活中一种最普通的事实,但教育之实施只是适应需要的行动,除却极少数专门研究儿童教育之父母外,余皆无系统的计划与组织。儿童生活于家庭之中,无形受家庭环境的陶冶,对于将来生活的影响很大;因为习惯的构成，常以最初的印象为决定的因素，家庭教育良好儿童亦随着有良好的习惯，而终身受用不尽，反之则终身受害。故家庭教育实为一切教育底基础。欲家庭教育进步，首在提高国民教育。倘举国人民均受适当的教育，其子女自然无形为其所化。中国现在几无家庭教育可言，要改革应从义务教育入手。

（2）社会教育　利用公共机关对于一般人民施以教育陶冶者为社会教育，其目的在促进人民常识，训练公共秩序。社会教育系辅助学校教育的重要组织，以公家经营为本位，实施此种教育之机关有公共图书馆、通俗教育馆、露天学校等。图书馆专备公众阅览的书籍；教育馆底范围很广，凡有助于通俗教育的事项，如阅报室、电影场、博物历史陈列所、体育场、讲演所均可分门办理；露天学校以救济失学儿童为目的，学校不设在户内，而在户外讲授，所以名露天学校；其程度只以义务教育为限，此种学校大概由公共教育机关或学校办理。社会教育之实施在平时固以促进常识、训练秩序为目的，但遇有特殊事项并可以之宣传国家政策鼓励民众。例如国家因某种外交问题，不得不与某国绝交，即可利用电影、讲演、图书宣传外交上经过之实况，以引起国民底同情为政府后援。中国现在学校教育尚且难于维持，各地社会教育之有成绩者更少有所闻。

（3）平民教育　平民教育为中国教育上之特殊事业。中国义务教育不普及，全国国民不识字者约占50%。基督教青年会首先注意于此，在长沙、烟台等处试办，很有成效。民国十二年［1923］中英教育改进社开会于北京清华学校，由社员组织中华平民教育促进会，其目的在增加人民识字者之数量，方法则选日常应用之文字1,200上下编成课本4册，集14岁以上之男女于各校附设或独设之平民学校，于4个月内教毕，现在推及全国，数年来平民学校毕业之学生已达200万，此种教育虽系暂时的，但对于中国现在的文化却有很多益处。

（4）补习教育　补习教育为各文明国家所通有，即对于已受相当教育,因急于谋生而不能再入学校受正式教育的国民施以较深的教育,其目的在增高已就业与给予未就业者之生活技能与知识;属于成人者为成人补习教育,属于儿童者为儿童补习教育。新学制初等教育现虽有补习教育之规定,但实际上各地实施者甚少。

(5)职业教育　职业教育在中国亦为一种独立事业,并在学制系统中占一席地位。中国有中华职业教育社,成立于民国六年[1917],主持者对于职业教育所下的定义为:"凡用教育方法,使人人获得生活上之供给及乐趣,一面尽其在于人群之义务,此种教育为职业教育。"照此定义,一切教育均为职业教育;因为世界上任何国家、任何教育学者决无以教育不使人获得生活上之供给及乐趣与对于人群尽应的义务者,即世界上决无不愿生活的非职业教育,职业教育根本上不能自成一种独立的事业。现在所谓职业教育,其设施之内容偏重于生活技能之训练,实际上为一种职工教育。此种教育在现在的中国亦有相当的价值而当推行,不过不可以词害意,误将一切教育划入现在所谓职业教育范围之内。

(6)特种教育　特种教育系为特种人民而设,如盲哑学校、残废学校及低能儿学校之类。这种生而盲哑、残废、低能或后天因故受损害之人其境遇至苦,但为国民之一份子则一,国家对于此种国民应当用特殊的方法教育之,使其能自食其力。中国现在虽亦有此类学校,不过大半为外人所经营耳!

Ⅳ. 撮　要

1. 教育一面为理论的知识,一面为实际的事业;属于学理方面的有教育哲学与教育科学,属于事业方面的有普通教育与特殊教育。

2. 教育哲学为研究人类教育之价值与意义的学问,目的在发现基本原理,指导实际活动。

3. 教育科学是用科学的方法对于教育问题为系统的研究的学问，目的在分析问题，增加效率。属于教育科学范围内者有教育史、教育心理学、教育行政、教学法、教育统计及测验、教育问题等。

4. 普通教育为国家对于一般国民用全力经营之学校的系统教育，可分初等、中等、高等三项。

5. 特殊教育为对于某一部分人民所施之特别教育，可分为家庭、社会、平民、补习、职业、特种六项。

V. 名词释义

位置数　用一个数表示全体情形大概者为位置数（point measures）；有众数、平均数、中数、下25分点、上25分点诸数。

差异数　表示同性质两种事物差异底距离者为差异数（variability meastires）；有全距离、25分差、平均差、均方差诸项。

关系数　表示同性质两种事物的互相关系的数量为关系数（coefficient of correlation）；有正相关、负相关、不相关三种。

TBCE　T为total ability之缩写，即表示个人对于某种特性的能力；B是brightness的缩写，代表个人年龄的分数；C为classification的缩写，表示年级的地位；E为effort的缩写，代表努力分数。此方法为美国哥伦比亚大学教育学院心理学教授麦柯（Mc call）于民国十一年［1922］在中国编造试用的，现在通行于教育测验及各校试验。

VI. 问　题

1. 教育何以一面是理论的学问，一面是实际的事业？

2. 什么是教育哲学？教育哲学对于教育的功用如何？

3. 教育科学底方法如何？比较法与试验法的区别如何？

4. 教育心理学底效用如何？与教学法之关系如何？

5. 中等教育与初等教育、高等教育的区别如何？应当普及吗？用什么方法普及？

6. 试调查一通俗教育馆，详记其事业，批评其优劣，并为之拟一改进的具体计划。

7. 教育统计法之效用如何？试就一班学生的国文成绩而计算其平均数。

8. TBCE的效用如何？优点何在？

VII. 参考书

1. 孟宪承译：《教育哲学大意》，商务，第十二章。
2. 郑宗海译：《教育之科学的研究》，商务，第二十二章。
3. 舒新城：《现代心理学之趋势》，中华，50、51、52、67各节。
4. 舒新城：《实用教育心理》，中华，第一章。
5. 廖世承、陈鹤琴：《测验概要》，商务，第四、五编。

第十章 研究教育的途径

I. 研究方法底分类

78. 研究教育的范围

因为教育一面为理论的学问,一面为实际的事业,所以研究的范围也可以分为理论的与实际的两种:前者在扩充知识,用演绎的原则厘定实施方针,后者在以经验证明原理,用归纳的方法,创造新原则。但教育科学完全植基于他种自然科学及社会科学之上,教育事业与其他事业息息相关,所以理论的研究要及其他基本科学,实际的研究应注意教育以外之社会活动。为便利计,兹列表如下:

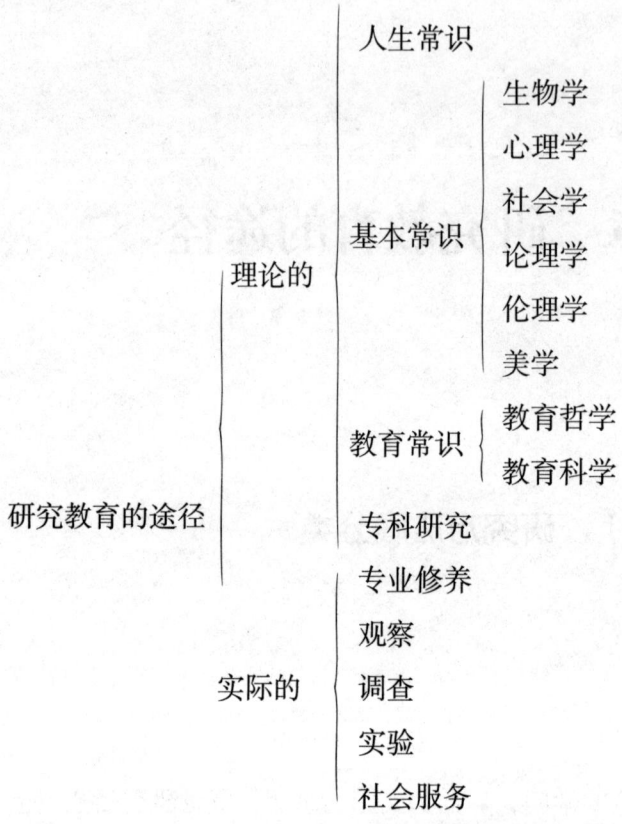

II. 理论的研究

79. 人生常识

人生常识是一切人所当具的知识,最好以斯宾塞(Spencer)《何为最有价值之知识》所举的学问为标准。照他底意见,生理学为直接保存生命的知识,数学、物理、化学、生物学、社会学为间接保存生命的知识,我们要能自存于世界,此种知识非详加研究不可。倘若我们只以自存的活动为限,对于嗣子不加以相当的教养,则人类的种族将无由继续存在,所以他以为为养育子女计,应注意于儿童学、心理学、伦理学等。人类除自存存种的两种责任而外,还当为社会的活动,使人群底组织日固,社会文化日进,所以关于公民知识的政治、社会、经济、历史等科并当注意。人类之所以异于其他动物,因其除物质生活外,还有优越的精神生活,精神生活最当调剂感情,善用休闲,使精神愉快,努力向上,所以关于休闲知识的美术、音乐、诗歌等科不可不有相当的修养。这些知识虽然因各人所受之教育的差异,不能有一致的程度,但任何人都不可不于这些知识有相当的修养,要以教育者自期,更不可不注意于此。因中小学课程大半注意于人生常识之培养,故不再分论。

80. 基本常识

教育在现在因为利用科学的方法为具体的系统研究,使它成为独立的科学,但它底基础却完全建筑在其他科学之上,所以要研究教育,决不是只从教育作起即可达到目的,应先注意于基础科学的研究。这些基础科学具列上表,虽亦为人生常识之一部分,但教育者更当为进一步的系统研究。兹简单分述下:

(1) 生物学　生物学 (Biology) 为研究动植物起源、生理、发展、分配之科学,普通分为植物、动物及人类三部分。因为教育以人为对象,人既由动物进化而来,其生活又与其他动物及植物的关系很大;要明人之所以为人,固然要习生物学,要以其他动物底生活为人类生活的借镜与人类生活与动植物之关系,也不可不习生物学。换句话说,生物学能使教育者扩大人生底范围,增深教育的基础,即研究教育科学如教育心理、教育原理等亦多生物学上的实证,所以教育者第一当注意生物学。

(2) 心理学　心理学为研究人类意识与行动的科学(此处专就人类心理学讲),注意于人类底思想与动作为综合及分析的实证研究,以发现公共的原则。教育既以人为对象，对于人所特具之通性与个性与活动的原则均不可不明白；心理学能供给关于人类活动的许多实证的事实，教育者可据以实施教育的基础，所以心理学为教育者必当研究。心理学底范围很广，有研究人类精神与行动的普遍现象的普通心理学，研究人类集合心理作用的社会心理学，研究儿童心理活动的儿童心理学，研究动物心理作用的动物心理学，研究特殊人群心理活动的变态心理学，及研究心理学在各种事业上应用之应用心理学。教育者对于心理学之知识自然以愈广泛愈好，但以普通、儿童、社会、变态各门为最要；因教育原则固然当以普通心理学所示之事实为重要根据，而学校教育的对象以儿童为本位，学校为团体的事业，儿童在学校又大半为团体的活动，所以儿童心理学与社会心理学在教育上的应用很大；中国现在各种特种的教育不发达，低能、天才常混合于一校之中，非有特殊方法适应他们不可，所以变态心理学也为教师不可不知。故此四门为教师最不可缺的心理学的知识。

（3）社会学　社会学为研究人类社会底本质、发展及其活动的定律之科学。教育为社会的事业，其职能一方面在承继社会已有的文化，一方面在改造现社会，使之更进步以谋人群底进化，故为完成教育底职能，不可不习社会学。其次教育目的应以社会的要求为根据，教育设施应以适应社会为条件，故为厘定教育目的，增进教育效率计，不可不习社会学。第三，个人与社会的关系极密切，社会底活动固足以影响个人，个人底活动亦足影响社会，"蓬生麻中不扶自直"，与"风俗之厚薄创自一二人之手"的两种成说，即示二者相互影响的力量；故为调剂个人与社会的活动，使之互有利益，亦不可不习社会学。总之，教育根本上是一种社会的事业，应用社会学实证的事实与原则甚多，实为教育者应当重视的一种科学。

（4）论理学　论理学为研究思考法则的科学。教育者一面要发学生底思想，使之遇事能利用推理，一面要指导学生推理的法则，使之善于应付事物；教育者自己的语言文字更不可不求合理，以为学生底模范，所以为训练学生思考能力与自己应用计，均不可不研究论理学。从前的形式论理学，只专论思考底形式是否合理，而将构成思考之元素的经验置之不问，应用上难免流弊，自实用主义者倡实验论理学更及思考各方面的问题，论理学之效用更大。教育者对于二者均当有相当的知识，始能自由应用。

（5）伦理学　伦理学为研究道德法则的科学。无论何人，若要生存于社会之中，便不能不为社会底道德标准所支配，特殊的个人且能早见社会习尚的利弊而改革道德。教育为改进人生的一种活动，为使个人适应社会生活计，固然要告以行为上应守之标准，以期维持公共秩序，维持社会安宁；为改进社会习尚计，更当明白道德标准构成的由来及其变迁的原则。这些都要应用伦理学上实证的事实与原则，故研究教育者必不可不先研究伦理学。

（6）美学　美学是研究人类美感之法则的科学。人类底活动常可分析为理智、意志、感情三部分，理智上的真伪问题为论理学所当讨究，意志上的善恶问题为伦理学所当讨究，感情上的美丑问题则为美学应负的责任。美与丑的标准虽然常以社会习尚而有差异，但好美恶丑的性向则为先天的通性。美的设施与欣赏能调剂苦寂的生活，且能鼓励精神使人向上。教育者为增进自己生活上的乐趣，固然当明美感的原则，为陶冶学生感情，养成其卓越的人格，亦不可不运用美的原则为美的设施。所以研究教育者应先知美学。

81. 教育常识

教育常识分教育哲学与教育科学两项，其内容前章已经说过，凡为教师者对于教育哲学与教育科学之各科，均不可不有相当的研究；因为教育理论固然各科有相互的密切关系，实际应用上更非有贯通的知识不可。例如作专科教师在教育事业中所担负的责任似乎很少，现在一般人也以为不明教育理论，只要专科学识优长便可胜任。实则教师决不是专门的科学家，其职责在应用科学的知识与修养指导他人，使之受益，则第一当明教育的对象，第二当知取材的范围，第三当知教与学的方法，第四当问课程中列有某科是什么用意，教授此科的目的何在，此科对于学生个人及国家社会的关系如何？第五当问学校事务何以要这些办理，个人行动要怎样才可以与学校行政有利无害？第六遇着实际问题要根据什么原则去解决？第七要问教育到底是为什么的，自己何以要作教师，作教师最后的目的何在？要解决这些问题能不应用教育哲学与教育科学吗？若为学校行政或教育行政人员，需用教育理论的地方更多，所以要研究教育而想作一个良好的教育者，无论如何，对于教育常识都不可不有充分的预备。

82. 专科研究

人生常识、基本常识与教育常识3项为一切教育者不可不具的知识，但因职务分配的差别更需用专科的知识。例如中学校长固然要特别注意教育行政，但因其担负之职务为"中学校长"，中学有中学底特质，无论教育目的、教育方法均与小学及大学不同，而学生为青年期，学校事务之处理更将因而有许多特殊原则。如欲真正作一个良好中学校长，对于中等教育之各方面，如中等教育原理、中等教育史、中学行政、中学教学、中学训育、青年心理等等均不可不有精深的研究。又如师范学校的教学法，教师对于教学法原理、小学普通教学法、小学各科教学法、本国教学方法变迁史、现在世界教学法之趋势、教学法与教育思潮之关系等等均不可不有精深的研究。所谓精深的研究是一面为有系统的阅读文科著述，一面为整理的工作贡献新知（如从中国近数十年之官私文牍著述中整理中国近代教育史之类），一面运用直接经验发见新原则。

Ⅲ. 实际的研究

83. 专业修养

教育一面为实际的事业，所以要成一个真正的教育者，只有理论上的研究绝对不够，一定要从实际事业上去研究。实际研究是属于"行"的问题，而行为常为意志所支配，所以专业的修养第一要立志，第二是励行。

立志在心理现象上只是一种决意的活动——即决定要做某事。不过引起决意的原因很复杂，如感情冲动、利害关系、环境压迫、友朋劝告、长辈命令、理智驱策等等均可以为决意的因素。倘若不经理智的分析而贸然因偶然的原因要做某事，往往不能持久；而且当感情生活最盛的青年期，更往往不知自己性向的所在，所以决定的志愿，常常中途发生变化。立志虽然是决意活动之一种，但须经过理智的分析，严密的考虑，既经决定，不轻易变更。如何方能不轻易变改？即决定时以个人底性向与彻底了解某事为最重要的条件。所以果要立志研究教育，第一，须问个人底性质是否宜于教育，即愿不愿与能不能以教育为终身事业；第二，须问个人对于人生的理想如何，自以为教育能否实现理想。所得的答案若都是肯定的，研究教育的志愿也就可以立定。至于个性的发现虽可以他人观察所得的批评为据，但最要的是个人底自省；对于教育的了解则惟有切实研究，有时在研究进程中可以感特殊兴趣而助你决定从事教育的终身志愿。

志愿既经立定，便当去实行，不然仍是一种空想。实行虽然很重要，有计划的实行尤其重要——有计划的实行我们称为励行。励行最要的条件是立定计划，用坚毅的精神、经济的手段一步一步地进行。倘若你立志要改造某地方底教育，便当立定系统的计划。首先从各方面——历史传衍、社会状况等等——研究某地方教育底病症何在。其次，按照研究所得的结果制定改造的方案。第三，照着方案用最适当的方法切实进行，第四，遇着失败，即从失败中求革改的方法，决不畏缩。果能这样孜孜不已地干下去，自有结果；若只有从事教育的志愿而不实事求是地进行，或稍有困难即行放弃，则仍是一种空想，于事业毫无补益！

84. 观察

　　立定志向要研究实际的教育，便当从实际的活动上着手。进行的方法可分观察、调查、实验三项。观察是察看他人的教育工作以为实施的鉴戒，可分为普通观察与特别观察两种。普通观察即无预定目的，遇事以教育的观点解释之。随时搜集材料以为研究的资材。社会各种事业虽然极其复杂，但从教育者眼光看来，都含有教育意味。例如顽儿在街上打架，乞丐在路上讨钱，本是极平常的事实，但从研究社会教育的人看来，都有重大的意义，都是研究的资料，或竟因一时观察所及而发明最良的社会教育方法。这种日常事实，看来好像很琐碎，无关大体，实则一切科学、哲学、文艺、美术都是以这些琐碎为根据，不过各人底观点不同，取材有别，所得的结论遂生差异。我们要研究教育而有成，首先当注意此取之不尽用之不竭的日常事实。材料聚集多了，用科学的方法分类整理，便可发现新原则。特殊观察则预定一种特殊的目的，用适当的方法去观察，以求得到预期的结果。中国师范学生将毕业时，于实习教授之前先有参观——旅行远地或在学校附近——其性质与特殊观察相同，不过就一般情形言，师范生底参观大半为虚应故事，实际上很少效益；其原因在于学生平日只为书本的研究，不曾参与实际活动，无实际的问题要求解决。特殊观察应当注意的：第一，要有实际的问题求解决；第二，要有特定的目的，如为研究教育行政，专门视察各校的组织及事务处理的方法，为研究国文教学，专门视察各校国文教学之类；第三，要有预定的步骤；第四，要明了视察所及之学校或教育机关底历史及现状之各方面；第五，要具批评的眼光，评衡所得；第六，要能取长弃短以为自己事业之助。

85. 调查

调查是预拟若干问题，制成问题录，分寄于调查的目的地，请其作答，或从各种出版物中发现问题，以求得研究的资料为改进根据的方法；前者为直接调查法，后者为间接调查法。直接调查的要点：（1）立定目的，研求各方面的情形，发现问题；（2）问题录的文字宜简单明了，使答者易于答复及不发生误解；（3）用判断的精神审查答案之直接程度；（4）分类精密，统计正确；（5）根据事实推证结论；（6）应用结论于实际事业上。间接调查法之要点：（1）搜集材料不可限于一隅，应为多方面的；（2）判断各种记载之真伪程度，不为宣传所蔽——同一事实因出版物主持者之党派或其他关系，常发生相反的记载与论断——其余同直接调查法之四、五、六三项。

86. 实验

实验是立一定的计划，用一定的方法以求达到一定的目的之方法，其性质与偶尔为之的试验法不同。教育者研究教育，正如游泳者之习游泳，理论的研究犹如读游泳学，观察与调查犹如参观体育家在游泳池泅水，若果自己要在水上浮起而且能游行自如，非得亲自下水为长期的练习不可。教育者要真正懂得教育底滋味，成为教育家，也非自己实验不可。实验有狭义广义之别：狭义的实验，是实现特殊理想的活动，组织须极精密，计划须极完备，如杜威底实验学校是。广义的实验是将一般理论见之于行为的活动，如师范学生于学过教学方法的理论之后实习教学是。理论虽然是以具体的经验为根据，但集合多种经验构成一种新方案，实际上却未见得能施诸实施。例如师范生，当其研究教育理论时，对于教育之各方面似乎都有把握，及至一旦任职甚至于实习教学时亦每每手足无措。其原因：（1）理论的研究是宁静的单一的，一切可由想象满足，实施则处于变动而复杂的环境之中，稍有不慎，便会发生枘凿的现象；（2）理论所根据的经验常受时地的限制，宜于彼者未见得能适用于此，如美国乡村教育的理论，决难适用于中国，以社会情形相去太远之故；（3）习惯未经养成，控制环境的能力不足；控制环境的能力固然要由多方练习而养成，理论之适宜与否，亦待事实之证明，所以一般师范学校均有实习的课程。不过中国师范学校之实习大概专指教学，实则实际教育——最少是学校教育——底各方面，都非实习不可。至于狭义的实验虽然较困难，但真正的教育者决不会没有他特别的理想，也决不会不想把他底理想设法实现出来；而且要使教育理想传播于世也非实验有成功不可。所以实验功夫为教育者必不可少之工作。

87. 服务社会

研究实际的教育而说服务社会，或者以为离题太远，实则教育为社会的事业，一切活动都与社会各方面有关系。教育者之实施教育，其惟一目的在改进社会，则对于社会情形不能不熟悉，要熟悉社会情形，便非与社会有接触不可；而且在责任上也应该导率社会力谋进步。所以教育者于身任之教育职务而外再去服务社会，直接为社会谋利益，间接即为教育植基础。不过社会服务四字是指为社会谋公益，为教育谋进步的事情，而且以不抛弃应负的固有职责为条件；若钻营奔竞于权贵之门，或专门以在社会上活动为事，以自固禄位或达其他目的，不是社会服务的本义。

Ⅳ. 撮　要

1. 因为教育一面为理论的学问，一面为实际的事业，所以研究方法也分为理论与实际的两项。

2. 因为教育理论建筑在他种科学之上，故研究教育理论。第一，要有充分的人生常识，即对于生理、历史、美术等应为相当的研究；第二，要有与教育有关之丰富的基本常识，即对于生物、心理、社会、论理、伦理、美学诸科应为深切的研究。

3. 人生常识与基本常识预备充分之后，再专研究教育哲学与教育科学，以为处理教育事务之张本；但因职务上的差别，对于自己所任之专职有关之学问，如学校校长之于学校行政，数学教师之于数理教学法等，更当为整理与发明的精深研究。

4. 教育一面为实际的事业，要真正成为教育者，须在实际上做工夫：立志与励行为实际从事之先决条件。

5. 既经决定从事教育之后，即为实际的观察、调查、实验，以求得实际的资料为改进教育设施之张本，并实验理想以为传播的根据。

6. 教育与社会各方面的事业息息相关，教育者于教育事业本身的研究外，并应注意服务社会；服务社会以谋教育进步与不抛弃固有职责为条件。

Ⅴ. 名词释义

实用主义　英文为Pragmatism，为最近哲学中的一派，注重实际的效果，方法侧重于科学的实验法方面。此派在美国独盛，以詹姆士（William James）与杜威（John Dewey）为代表。

杜威底实验学校　杜威于1894年到芝加哥大学做哲学和教育科主

任，创办实验学校，实验他实用主义的教育学说，起初只有初级小学，后来一直办到大学预科。

VI. 问　题

1. 什么是人生常识？试读《斯宾塞尔［斯宾塞］教育论》第一章撮述其概要。

2. 研究教育者要如何深切研究与教育有关的基本科学？教育与哪种科学的关系最密切？

3. 论理学与伦理学的区别如何？形式论理学与实验学的区别如何？

4. 试就小学国语教学问题为专科的研究报告其结果。

5. 按照参观要点就附近各小学分期参观其行政组织、教学方法，并将结果作一系统的报告。

6. 创办平民学校为之主持一切，或在已有之平民学校或校工学校中实施教育，并将所感之困难与平日的理想对照，再定改进方案，从事实验，以期达到预期的目的。

7. 研究教育者何以要服务社会？服务社会底要义如何？

VII. 参考书

1. 任鸿隽译：《斯宾塞尔［斯宾塞］教育论》，商务，第一章。

2. 郑宗海译：《教育之科学的研究》，商务，第二十二章。

3. 孟宪承译：《教育哲学大意》，商务，第十二章。

4. 舒新城：《心理原理实用教育学》，商务，第一编。

5. Horne, Philosophy of Education, chapter I.

6. MacVannel, Outline of a Course in Philosophy of Education, chapter I, II, III.

附　录

甲　中文分类参考书要目

各书深浅大概以所列次序为衡，阅者依次阅读较为便利；各书之下注"中"字者为中华书局出版，注"商"字者为商务印书馆出版。

Ⅰ．教育通论

1．舒新城：《教育通论》（中）
2．舒新城：《教育学纲要》（中）
3．余家菊：《教育原理》（中）
4．郑宗海：《教育之科学的研究》（商）
5．郑宗海、俞子夷：《人生教育》（商）

Ⅱ．教育思潮

1．郑次川编：《教育思潮概说》（商）
2．刘炳藜：《现代教育思想》（北京北新书局）
3．郑次川：《教育思想大观》（商）
4．唐珏：《近代教育家及其理想》（中）
5．朱经农：《明日之学校》（商）

Ⅲ．教育哲学

1. 《杜威讲演录：教育哲学》（北京晨报）
2. 常道直：《平民主义与教育》（商）
3. 范寿康：《教育哲学大纲》（商）

Ⅳ. 教育心理学

1. 舒新城：《教育心理学纲要》（商）
2. 廖世承：《教育心理学》（中）
3. 艾华：《儿童心理学纲要》（商）
4. 陈鹤琴：《儿童心理之研究》二册（商）
5. 汤子庸：《青春期心理学》（商）

Ⅴ. 教育史

1. 王凤喈：《西洋教育史纲要》（商）
2. 姜琦：《西洋教育史大纲》（商）
3. 吴康：《近代教育史》（商）
4. 郭秉文：《中国教育制度沿革史》（商）
5. 舒新城：《近代中国留学史》（中）

Ⅵ. 教学法

1. 舒新城：《普通教育法纲要》（中）
2. 俞子庚：《普通教学法》（商）
3. 罗迪先：《新教授法原论》（商）
4. 张九知、周矞青：《新学制小学各科教学法》（商）
5. 舒新城：《现代教育方法概论》（中）
6. 舒新城：《道尔顿制概观》（中）
7. 舒新城：《道尔顿制研究集》（中）
8. 林本：《设计教育大全》（商）
9. 杨廉：《设计教学法》（商）
10. 芮佳瑞：《葛蕾式学校组织概观》（商）

11. 但焘：《蒙台梭利教育法》（商）

Ⅶ．教育统计及测验

1. 俞子夷：《测验统计法概要》（商）

2. 廖世承、陈鹤琴：《测验概要》（商）

3. 薛鸿志：《教育统计学大纲》（北京师大）

Ⅷ．教育行政

1. 蒋维乔：《江苏教育行政概况》（商）

2. 杜定友：《学校教育指导法》（中）

3. 程湘帆：《小学课程概论》（商）

4. 芮佳瑞：《小学行政及组织》（商）

Ⅸ．教育社会学

1. 陈启天：《应用教育社会学》（中）

2. 陶孟和：《社会与教育》（商）

Ⅹ．初等教育

1. 杨廉：《初等教育发达小史》（中）

2. 王克仁：《幼稚之意义》（中）

Ⅺ．中等教育

1. 廖世承：《中学教育》（商）

2. 舒新城：《中学教学法通论》

3. 陈启天：《中学训练问题》（中）

4. 廖世承：《施行新学制后之东大附中》（中）

Ⅻ．职业教育

1. 邹恩润：《职业教育研究》（商）

2. 邹恩润：《职业指导》（商）

ⅩⅢ．中国教育实际

1. 中华教育改进社：《英文中国最近教育状况》（商）

2. 舒新城：《民国十四年中国教育指南：附教育大事记、教育法令、教育思潮》（商，此书为研究中国现实教育之门径，阅之可了解教育现况，并可据为进一步研究之参考物）

3. 胡适、陈宝泉：《孟禄的中国教育讨论》（中）

4. 推士：《英文中国之科学与教育》（商，推士为美国人，此书系应教育改进社之聘在华调查科学教育两年所得之结果）

5. 中华基督教教育会：《中国基督教育教育事业》（商）

6. 中华教育改进社：《中国教育统计概览》（商，即第一书之统计部分的译文，不识英文者读此亦可知最近中国教育实况）

7. 顾倬：《学潮研究》（中）

XIV. 比较教育

1. 吴家镇：《世界各国学制考》（商）

2. 汪懋祖：《美国教育彻览》（中）

3. 余家菊：《英国教育要览》（中）

4. 周太玄：《法国教育概览》（中）

XV. 杂志

1. 《中华教育界》，陈启天编，上海中华书局发行，全年12册，以教育再造国家为宗旨，注意国家教育。

2. 《教育杂志》，李石岑编，上海商务印书馆发行，全年12册，注重体育及美育。

3. 《新教育评论》，中华教育改进社编辑，北京该社事务所发行，全年52期。

4. 《国家与教育》，国家教育协会编辑，附刊于上海醒狮中，注重中国教育实际问题。

5. 《江苏小学教育月刊》，顾倬编，南京江苏义务教育期成会发行，每年10册，对于小学教育多实用文字。

6.《教育季刊》,程湘帆编,上海中华基督教教育会发行,全年4册,多教会教育论文。

XVI. 与教育有关之基本科学

1. 陈桢:《普通生物学》(商)
2. 王守成:《公民生物学》(商,上、下二册)
3. 陈兼善:《进化论浅说》(中)
4. 舒新城:《心理学初步》(中)
5. 陈大齐:《心理学大纲》(商)
6. 郭任远:《人类的行为》(商)
7. 舒新城:《现代心理学之趋势》(中)
8. 常乃惠:《社会学要旨》(中)
9. 瞿世英:《社会学概论》(商)
10. 陶履恭:《社会问题》(商)
11. 刘衡如:《论理学入门》(中)
12. 严复:《名学浅说》(商)
13. 刘伯明:《思维术》(中)
14. 谢蒙:《伦理学精义》(中)
15. 朱进之:《伦理学导言》(商)
16. 吕澂:《美学概论》(商)
17. 吕澂:《挽近美学思潮》(商)

乙　英文分类参考书要目

英文书籍分类甚多,兹举其最浅要者若干如下:各书均可由上海伊文思或商务印书馆代购,价格常因金价之涨跌而有变迁,但平均每册在4元以上。购书方法可参阅郑宗海:《英美教育书报指南》(商)及舒新城:

评该书附言(《中华教育界》第15卷10期)，该书所开书目亦很合用，读者可参酌。杂志及与教育有关之基本科学书目未开，以初学者无需要也。

Ⅰ. 教育通论

1. Thorndike E. L., Education, A First Book.
2. Ruediger, W. C., The Principles of Education.
3. Pillsbury, W. B., Education, as the Psychologist Seet it.
4. Nunn, T. P., Education: Its Data and First Principies.
5. Henderson, E. N., A Textbook in the Principles of Education.

Ⅱ. 教育思潮

1. Watts, F., Education for Self-realization and Social Service.
2. Weeks, A. D., The Education of Tomorrow.
3. Adams, J., Modern Developments in Educational Practice.

Ⅲ. 教育哲学

1. MacVannel, I. A., Outline of a Course in the Philosophy of Education
2. Horne, H. H., The Philosophy of Education.
3. Partridge, G. E., Genetic Philosophy of Education.
4. Kilpatrick, E. L., Source Book in the Philosophy of Education.
5. Adams, J., The Evolution of Educational Theory.

Ⅳ. 教育心理学

1. Gates, A. L., Psychology for Students of Education.
2. Starch, D., Educational Psychology.
3. Thorndike, E. L., Educational Psychology, Briefer Course.
4. Drever, J., An Introduction to the Psychology of Education.
5. Waddle, C. W., An Introduction to Child Psychology.
6. Kirepatrick, E. A., Fundamentals of Child Study.

7. Norsworthy and Whitley, M. T., The Psychology of Childhood.

8. Pechstein, L. A. and McGregor, A. L., Psychology of the Junior High School Pupil.

9. Saywell, The Growing Girl.

10. Green G. H., Psychanalysis in the Class Room.

Ⅴ. 教育史

1. Gravas, F. P., A Student History of Education.

2. Cubberley, E. P., A Brief History of Education.

3. Readings in the History of Education.

Ⅵ. 教学法

1. Green J. A. and Birchenough C., A Primer of Teaching Practice.

2. Welton, J., Principles and Methods of Teaching.

3. Bagley, W. C. and Keith J. A., An Introduction to Teaching.

4. Adams, J., The New Teaching.

5. Twiss, G. R., Science Teaching.

6. Kilpatrich, W. H., The Montessori System Examined.

7. Simmonds, F. and Hutohinson L., The Advanced Montessori Method.

8. Bourue, R S., The Gary School System.

9. McMurry, C. A., Teaching by Projects.

10. Stevenson, J. A., The Project Method of Teaching.

11. Cook, H. C., The Play Way.

12. Harris, M. 0., Towards Freedom: The Howarl Plan of Individual Time Table.

Ⅶ. 教育统计及测验

1. McCall, W. A., How to Measure in Education.

2. Terman, L. M., The Measurement of Intelligence.

3. Rugg, H. O., Statistical Methods Applied to Education.

4. Storch, D., Educational Measurement.

5. Monroe, W. S., Introduction the Theory of Educational Measurement.

Ⅷ. 教育行政

1. Ayres, L. P., School Organization and Administration.

2. Strayer, G. D and Thorndike, E. L., Educational Administration.

3. Sleight, W. G., The Organization and Curricula of Schools.

4. Bliss, D. C., Methods and Standards for Local School Surveys.

Ⅸ. 教育社会学

1. Peters, C. C., Foundations of Educational Sociology.

2. Smith, W. R., Introduction to Educational Sociology.

3. Clow, F. R., Principles of Sociology with Educational Applications.

Ⅹ. 初等教育

1. Freeland, G. E., Modern Elementary School Practice.

2. Horace Mann., Studies in Elementary Education.

3. Parker, S. C., The History of Modern Elementary Education.

4. Parker, S. C., Types of Elementary Teaching and Learning.

Ⅺ. 中等教育

1. Inglis, A., Principles of Secondary Education.

2. Monroe, P., Principles of Secondary Education.

3. Davis, C. O., Junior High School Education.

4. Waples, D., Procedures in High School Teaching.

5. Parker, S. C., Methods of Teaching in High School.

6. Klopper, P., College Teaching.

Ⅻ. 中国教育原理

1. 蒋梦麟：A Study in Chinese Principles of Education.

2. 庄泽宣：Tendencies Towards a Democratic System of Education in China.

XIII. 比较教育

1. Clory, D. E., Modern Education in Europe and the Orient.

2. Kaudel, I. L., Educational Yearbook of the International Institute of Teachers College, Columbia Universily, 1924（此书每年出一册，详述世界各国教育状况，每册并讨论一特殊教育问题，为研究比较教育之良好参考书。）

名词表

名词	
	中等教育
	中国底学制
七艺	中国现行教学法
二元观	中英教育改进社
二部制	中华职业教育社
人生常识	中华平民教育促进会
人格感化	太学
人底再生期	心理学
八旗学官	引起信仰
山长	引起学习动机
上庠	不平等条约
下庠	本能
大学	功课
分化	功课指定
五四	右学
反射	左学
反省法	四门学
中庸	生物学
平民教育	何为最有价值之知识

古典学校	形式论理学
世界和平	赤俄共产革命
半殖民地	低能儿学校
公共图书馆	杜威底实验学校
州	门生
州学	官吏
自存	东序
自动	事务
自觉期	私塾
自学辅导	私塾制
自决的行为	私淑弟子
成均	宗学
成人仪式	宗教师
成人与学生	府学
西序	易经
行为	武士道
存种	壮年期
弘文馆	儿童期
老年期	儿童心理学
年级制	儿童与学生
考试法	社会学
合议制	社会服务
各科教学法	社会教育
序	社会心理学
幼稚期	欣赏法
位置数	直观法

初等教育	青年前期
何谓学生	青年后期
青年与学生	训练
两性问题	个性
盲哑学校	个人幸福
京卫武学	徒弟制
直接调查法	效果律
庠	伦理学
家塾	差异数
家庭教育	特别观察
美学	特殊教育
律学	特种教育
研究法	高等教育
研究方法底分类	班级教学
成安公学	班级讲演法
哈沃特制	通俗教育馆
俗尚传授	教育
南洋公学	教育史
建国理想	教育行政
科举取士	教育制度
校	教育科学
书院	教育哲学
书院制	教育原理
书学	教育问题
书经	教育常识
训育	教育调查

训育方法	教育心理学
训育目标	教育底起源
训育原则	教育底意义
训育现况	教育底需要
训育底意义	教育底范围
教育即生活	专业修养
教育统计及测验	专业的训练
教材	专业的教师
教师	设计的排列
教师之专业	设计的单元
教师底资格	设计教学法
教师底职则	理论的研究
教务	论理的教育
教授	问题的排列
教仆	画学
教学	发现法
教学法	发表法
教学方式	发泄法
教学底原则	单轨制
教学底意义	单级制
教训法	单级教授
授业	温习法
国子监	陶铸法
国子学	景山官学
国民教育	创造文化
国民精神之统一	创造个性

国民能力的增加	创造冲动
国家安宁	普通教育
崇文馆	普通观察
移接法	普通心理学
基本常识	普通教学法
都司儒学	习补教育
都输运司儒学	道尔顿制
专科研究	残废学校
剩余势力	算学
间接调查法	广文馆
斯宾塞智育六原则	诵习法
禁令	葛雷制
传道	演绎法
授惑	演绎的排列
辟雍	图表报告法
伤验	间
路学	调查
义务	课程
义务教育	课程底功用
诗经	课程底起源
阴阳学	课程底组织
试误法	选择
新学制	乡学
新学制系统草案	论理学
统一职能	诱导法
群化教学	模仿时期

蒙古字学	学制
蒙台梭利教学法	学制底要素
传衍文化	学制底起源
感情反应	学者
塾	学记
说文	学校
虞书	学校底起源
适应	学校底职能
适应个性	学堂
适合人性	学堂章程
适合国性	学习
学科制	归纳的排列
贤哲	职业教育
实验	医学
实验论理学	县学
实用主义	艺士
实际的研究	惩罚
实际的教育	觉罗学
独裁制	露天学校
操练法	读经
养成习惯	鉴别
欧洲大战	关系数
党	观察
瞽宗	变态心理学
练习法	

潜意识
双轨制
归纳法

钱亦石 现代教育原理

目 录

总　序 / 229
例　言 / 232

第一章　绪　论 / 233
　　第一节　教育原理的变动性 / 233
　　第二节　教育原理与社会背景 / 235
　　第三节　适应新时代的教育原理 / 239

第二章　教育的本质与目的 / 243
　　第一节　教育的本质 / 243
　　第二节　教育的目的 / 245

第三章　教育原理的生物学基础 / 250
　　第一节　儿童的本性 / 250
　　第二节　环境的势力 / 252
　　第三节　教育与发展 / 254

第四章　教育原理的社会学基础 / 257
　　第一节　个人与社会的关系 / 257
　　第二节　教育与劳动结合 / 259
　　第三节　社会分化与教育 / 261

目录

第五章　教育原理的哲学基础 / 264
　　第一节　辩证的宇宙观 / 264
　　第二节　认识的过程 / 266
　　第三节　实践的作用 / 269

第六章　政治教育 / 272
　　第一节　政治与教育的关系 / 272
　　第二节　中国现时需要的政治教育 / 274

第七章　生产教育 / 278
　　第一节　生产教育的论据 / 278
　　第二节　中国现时需要的生产教育 / 281

第八章　文化教育 / 284
　　第一节　文化教育的意义 / 284
　　第二节　中国现时需要的文化教育 / 286

第九章　教育与人类前途 / 290
　　第一节　人类前途的预测 / 290
　　第二节　教育在人类发展中的效能 / 291

总　序

这部丛书发端于十年前，计划于三年前，中历征稿、整理、排校种种程序，至今日方能与读者相见。在我们，总算是"慎重将事"，趁此发行之始，谨将我们"慎重将事"的微意略告读者。

这部丛书之发行，虽然是由中华书局负全责，但发端却由于我个人。所以叙此书，不得不先述我个人计划此书的动机。

我自民国六年〔1917〕毕业高等师范而后，服务于中等学校者七八年。在此七八年间，无日不与男女青年相处，亦无日不为男女青年的求学问题所扰。我对于此问题感到较重要者有两方面：第一是在校的青年无适当的课外读物，第二是无力进校的青年无法自修。

现代的中等学校，在形式上有种种设备供给学生应用，有种种教师指导学生作业，学生身处其中似乎可以"不遑他求"了；可是在现在的中国，所谓中等学校的设备，除去最少数的特殊情形外，大多数都是不完不备的。而个性不同各如其面的中等学生，正是身体精神急剧发展的时候，其求知欲特别增长，课内的种种绝难使之满足，于是课外阅读物便成为他们一种重要的需要品。不幸，这种需要品又不能求之于一般出版物中。这事实，至少在我个人的经验是足以证明的。

当我在中等学校任职时，有学生来问我课外应读什么书，每感到不能为他开一张适当的书目，而民国十年〔1921〕主持吴淞中国公学中学部的经验，更使我深切地感到此问题之急待解决。

在那里，我们曾实验一种新的教学方法——道尔顿制，此制的主要目的在促进学生自动解决学习上的种种问题，以期个性有充分之发展。可是，在设备上，我们最感困难者是得不着适合于他们程度的书籍，尤其是得不着适合于他们程度的有系统的书籍。

我们以经费的限制，不能遍购国内的出版品，为节省学生的时间计，亦不愿遍购国内的出版品。可是，我们将全国出版家的目录搜集齐全，并且亲去各书店选择，结果费去我们十余人数日的精力，竟得不到几种真正适合他们阅读的书籍。我们于失望之余，曾发愤一时，拟为中等学生编辑一部《青年丛书》。只惜未及一年，学校发生变动，同志四散，此项丛书至今犹只无系统地出版数种。

此是十年前的往事，然而十余年来，在我的回忆中却与当前的新鲜事情无异。

其次，现在中等学生的用费，已不是内地的所谓中产阶级的家长所能负担；而青年的智能与求知欲，却并不因家境的贫富而有差异，且在职青年之求知欲，更多远在一般学生之上。即就我个人的经验而论，十余年来，各地青年之来函请求指示自修方法、索开自修书目者，多至不可胜计，我对于他们不能尽指导之责，但对此问题之重要，却不曾一日忽视。

根据上述的种种原因，所以十余年来，我常常想到编辑一部可以供青年阅读的丛书，以为在校中等学生与失学青年之助。

大概是在民国十四五年〔1925、1926〕之间，我曾拟定两种计划：一是少年丛书，一是百科丛书。与中华书局陆费伯鸿先生商量，当时他很赞成立即进行，后以我们忙于他事，无暇及此，遂致搁置。十九年〔1930〕一月我进中华书局，首即再提此事，于是由计划而征稿，而排校。至二十年〔1931〕冬，已有数种排出。当付印时，因估量青年需要与平衡科目比率，忽然发现有不甚适合的地方，便又重新支配，已排就者一概拆版改排，遂致迁延至今，始得与读者相见。

我们发刊此丛书之目的，原为供中等学生课外阅读，或失学青年自修研究之用。所以计划之始，我们即约定专家，分别开示书目，以为全部丛书各科分量之标准。在编辑通则中，规定了三项要点：（1）日常习见现象之学理的说明；（2）取材不与教科书雷同而又能与之相发明；（3）行文生动，易于了解，务期能启发读者自动研究之兴趣。为要达到上述目的，第一，我们不翻译外籍，以免直接采用不适国情的材料，致虚耗青年精力；第二，约请中等学校教师及从事社会事业的人担任编辑，期得各本其经验，针对中等学生及一般青年的需要，以为取材的标准，指导他们进修的方法。在整理排校方面，我们更知非一人之力所能胜任，乃由本所同人就各人之所长分别担任。为谋读者便利计，全部百册，组成一大单元，同时可分为八类，每类有书八册至二十四册，而自成为一小单元，以便读者依个人之需要及经济能力，合购或分购。

此丛书费数年之力，始得出版，是否果能有助于中等学生及一般青年之修业进德，殊不敢必，所谓"身不能至，心向往之"而已。望读者不吝指示，俾得更谋改进，幸甚幸甚。

舒新城

二十二年〔1933〕三月

例　言

一、本书的轮廓，是著者前在国立暨南大学讲授教育原理时划定的，体系系个人所新创，意见亦大半由"暗中摸索"而来，只能说是一篇"尝试"之作。

二、本书虽是仓卒写成，但著者在执笔时，常常注意两件事：一是当前动荡的时代，一是我国特殊的环境。所以，解释各种问题，总是尽可能的抓住其"变动性"与"具体性"。

三、教育不是孤立的范畴，而是人类活动的一部分，绝不能与其他部分分离；注意这种"联系性"亦是本书特征之一。

四、不过，也有些问题以篇幅与现实关系，只给一个"暗示"，未能透彻发挥。读者可根据每章后面所举的参考材料，详加研究。

五、然而，培根有言："始生之物，其形必丑。"本书既是"尝试"之作，自然罅隙尚多，读者诸君如有所指示，著者极表欢迎。

六、本书写成，曾经胡守菜、池振超两同学覆看一过；以后又蒙倪文宙先生校正，并收入中华书局《百科丛书》出版；均附此志谢。

1934年2月18日午夜，著者。

第一章 绪　论

第一节　教育原理的变动性

许多中国人在日常生活上用惯了"万应如意油"一类的物品,在理论上听惯了"天不变道亦不变"一类的传说,满以为"真理"(truth)也者,总是"放之四海而皆准,行之百世而不惑"的,这种观点差不多成了我们传统的"常识"(common sense),凭这种"常识"去测度一切科学的原理,当然要把科学的原理看为"一成不变"的东西;那么,所谓教育原理(principie of education)也就不是例外了。

教育原理是否"一成不变"呢?这不是一句话可以解释清楚的。在这里,应该从一般人们用作测度的根据——"常识"说起。"母鸡生蛋,而蛋又可孵化出小鸡",此常识也。现在如是,往古亦如是;中国如是,外洋亦如是。如果没有"雄鸡生蛋"与"蛋变成金"的事实摆在面前,则这种常识大抵是正确的。可是,另一方面,"日出于东面没于西",亦常识也,到现在,固然有一些冬烘先生以及白发老妪之流深信不疑,但,在了解"地圆说"、了解"地球绕日而转"的小学生看来,便成为笑话了。像这种"似是而非"的常识真不知有多少?"井蛙不可以语于海者拘于虚也,夏虫不可以语于冰者笃于时也",老实讲,就是常识作怪。所以,"人的常识——在四面壁立的家庭中是可尊敬的伴侣———踏上研究的广大世界时，就遇到奇异的事变。"

一般人们用作测度的根据之常识，何以大半靠不住呢？这恐怕是方法上的错误吧！申言之，就是一般人们的观点，只注意到个别的事物，而忘记其相互间的联系；只注意到事物的存在，而忘记其发生与死灭；只注意到事物的静止状态，而忘记其本身不息的运动。干脆些说：常识是以形而上学的思维方法（the metaphysical mode of thought）为基础的。应用这种方法的人，总想造出永久的图式，建立永久的法则。"万应如意油"就是他们理想的产物，"天不变道亦不变"就是他们理想的信条，说起来固然好听，可惜与客观世界的真实不符。

客观世界的情形怎样呢？"如果我们考察自然界、人类史或我们自己的智力活动，则有一个具备种种联系与变化而又无始无终的轮环（coil）呈现于我们之前，在这个轮环中间，没有一件东西是永恒的，保持原来的性质、时间或位置；所有万物是运动的、变化的、消逝的。"赫拉克利特（Heraclitus，约公元前540~480）曾讲过："濯足河流，抽足再入，已非前水。"孔子（公元前551~479）川上之叹也讲道："逝者如斯夫，不舍昼夜。"这种说法即是客观世界的写真。在这样动荡不宁、变迁无定的客观世界中，哪里有"一成不变"的真理呢？假使有的话，那就是形而上学者脑中的幻想。

我们从一般原则上说明没有"一成不变"的真理之后，可以回过头来解答前面提出的问题——教育原理是否"一成不变"呢？不待言，正确的解答是否定的。

闲话休提，言归正传。教育原理是意识形态（ideology）之一，依照近代科学证明的结论："某一时代的社会经济结构（economic structure of society），形成真正的基础（real foundation）；而某一时代的政治、法律制度，以及宗教、哲学与其他抽象观念等全部上层建筑（superstructure），都应该由其基础来说明。"换言之，"不是人类的意识（consciousness）决定其存在（existence），而是社会的存在决定其意识。"可见，教育原理与其他各种意识形态一样，是与社会经济结构分不开的。

社会经济结构果"一成不变"么？决不是如此，"历史先生"证明它是随时变动的。那么，与社会经济结构分不开的教育原理怎样呢？近代科学又证明："跟着经济基础的变动，全部上层建筑或者徐徐的或者急速的变革。"则教育原理之随时变革，也是不言而喻的事。

依照上述论据，我们应该说：教育原理是因社会经济结构的变动而变动的。教育原理的变动性即是指此而言。谁不了解这一点，谁就变成"常识"的俘虏，谁就跌入形而上学的泥坑。

第二节　教育原理与社会背景

前节指出教育原理的变动性，是从一般原则上去观察的。现在且就教育史上的实例作具体的阐明。

欧洲在文艺复兴（Renaissance）以前，教育事业由僧侣一手包办。处在中世纪黑暗时代，神学支配了一切，当时流行的教育原理，自然以宗教与信仰为依归，这是用不着解释的。自文艺复兴以来，教育思潮迭起变化，有所谓人文主义（Humanism）的教育，有所谓实利主义（Utilitarianism）的教育，有所谓新人文主义（New-humanism）的教育，花样翻新，使人目迷五色。要了解各种典型的教育原理所以变动之故，必先透视各时期的社会背景。

一般说来，所谓文艺复兴，即指自14世纪至16世纪间，以做东方贸易商人根据地的意大利各自由都市为中心所开始的文艺、学问、知识之再生而言；显然易见的，文艺复兴确与资本主义的抬头同时并起。换言之，文艺复兴的曙光，即是资本主义的核心与封建制度的外壳在冲突时所放出的火花吧！在文艺复兴后，有资本主义勃兴时期，有资本主义发展时期，有资本主义没落时期，其社会经济结构既各有差别，其所要求的教育原理也因此不同，兹分别述之如下：

先从人文主义说起。人文主义者的见解，"皆以为人者，须脱离宗教的势力，而自有其合理的自觉的要素，以保其伟大之价值者也。人欲发挥其价值，莫若复兴古代文明之精神，故彼等无论于文学、技术及其他种种科学上，皆排斥宗教的势力，代以古代所有健全之现世的、自由的思想，世称之为人文主义。……在教育上信奉此主义之教育家，亦有一种倾向，即欲本人文主义，以人文的教科而教育人类是也。"这种倾向大概可于韦杰里乌斯（Vergerius，1349~1428，意大利人），伊拉斯谟（Erasmus，1467~1536，荷兰人），阿谢姆（Ascham，1515~1568，英国人）及拉伯雷（Rabelais，1494~1553，法国人）等人文主义者的教育学说中窥见之。

无疑的，人文主义是文艺复兴过程中所开的第一朵"奇葩"，其攻击的目标，大抵集中在宗教的偶像上。这自然不是那些人文主义者各个人对于宗教有什么反感，而实由于社会经济结构的推移。直截了当地说，十字军以后，欧洲社会经济发生急剧的变化，从封建制度的废墟上崛起的中等阶级与中世纪宗教势力的余威，成了"狭路相逢"的活冤家。人文主义的教育，即是资本主义勃兴时期所引起的社会矛盾在意识上的反映吧。

人文主义的教育在主观上原想排斥中世纪所流行之寺院的、非实际的教育，然而，结果却注重希腊文与拉丁文，只叫学生谙诵古语、玩弄古典、记忆神学与哲学，仍无补于实际生活。这是与资本主义发展时期的需要不合的。于是，实利主义便成为"应时妙品"了。（被称为）近世科学之父的培根（F Bacon，1561~1626，英国人），提倡归纳的研究法，注重观察与实验，实开研究自然科学新方法之先声，可说是高举实利主义之旗的第一人。夸美纽斯（Comenius，1592~1670，奥国〔捷克〕人）继之，主张教育原则在顺从自然，以为"自然者人生活动之一部大教科书也。苟非依据实物之教授，皆不能使人有真正之理解。吾盍不弃彼纸墨所造之死教科书，而用此万物森罗之活教科书乎？"他确是接受培根方法的实际教育者。高喊"健全之精神寓于健全之身体"的洛克（Locke，1632~1704，英国人）亦是实利主义的健将，主张"知识教授，其目的不在养成文学者或理学者，而在使人立于社会上自营其生活、自置其财产、自遂其职业，以尽其人类及市民之本务而已。"此外，如大名鼎鼎的卢梭（Rousseau，1712~1778，法国人），在教育上发表小说《爱弥尔》（Emile），以儿童自己活动及施行知觉、感觉等教育为主，排斥古文学与宗教教育，注重实科。偏于极端的个人主义，都未跳出实利主义的范围。

　　实利主义的教育，其本质是非常明白的。当机器生产时代，整个世界正按照资本主义的模型去改造，人与人的关系只结合在赤裸裸的利益上，从来享受尊敬与名誉的一切职业都失去了光辉，无论是学者、是医生、是律师、是僧侣、是诗人，都变为工钱劳动者。在这种社会环境下，教育以注重"日常生活所必需的知识技能"为目的，虽曰不宜。明白些说，实利主义的教育即是顺应资本主义发展时期的要求之具体表现。

　　可是，资本主义达到繁荣的极巅以后，不可避免地要走向没落；在没落的过程中，劳资冲突成了异常严重的问题，社会便从此陷于杌陧不安之境。濒于绝望的资本家不能不寻求安慰精神的方法，新人文主义的教育就趁此应运而兴。"此新人文主义与前所述之人文主义大异其趣。盖人文主义者虽尊重个人人格，犹不免为宗教所支配，有时仍陷于教权主义；而新人文主义则反是，即以神灵的性质之萌芽为一般人类所同具，发达此个人之神灵性，使之支配其他性质，斯为教育之任务。至二者相同之点，则同发端于古语之研究是也。"新人文主义教育的代表，如主张"改善吾人之动物性，使行为臻于高尚"之康德（Kant，1724~1804，德国人），如以"教育之目的在使人类平均、调和、发达其天赋之诸能力"的裴斯泰洛齐（Pestalozzi，1746~1827，瑞士人），如认定"在教育上应发达儿童之知识，使能判断善恶、陶冶意志，以养成为善去恶之习惯"的赫尔巴特（Herbart，1776～1841，德国人），以及力说"养护儿童使之自由发达，以自识其本性，服从其本性"的福禄培尔（Froebel，1782～1852，德国人），都是教育史上光芒夺目之人。他们对于人类的"行为""能力""习惯""本性"，非常重视，显然是故弄玄虚，表面上虽说要借助什么"神灵性"，以"支配其他性质"，实则欲使一切工钱劳动者在饥饿线下驯伏、守分、不扰害资本家统治的黄金世界。这是资本主义没落时期最急需的续命汤。

总之，从人文主义的教育，转变到实利主义的教育，又转变到新人文主义的教育，在发展过程中呈现"正""反""合"的三分式（Triad），都与当时的社会背景息息相关。教育原理的变动性在此便得到具体的证明了。

如果有人说，上面的分析是一种"西洋镜"，不一定适合我们"贵国"的国情，那么，不妨再就我国的"道地货"检讨一下吧。

科举时代的"陈账"是值不得再算的，姑从清季维新说起。当时在"变法自强"的口号下面，废八股，兴学堂，树立新教育的根基。所宣布的教育宗旨是：一忠君、二尊孔、三尚公、四尚武、五尚实。辛亥革命以后，改大清帝国为中华民国，教育宗旨也在民国元年〔1912〕易为"注重道德教育，以实利教育、军国民教育辅之，更以美感教育完成其道德"。再看不到那些"忠君""尊孔"等刺目的字句了。至民国十一年〔1922〕，颁布新学制，宣布七种新标准：（1）适应社会进化的需要；（2）发展平民教育的精神；（3）谋个性的发展；（4）注意国民的经济力；（5）注意生活教育；（6）使教育易于普及；（7）多留各地方伸缩余地。与民国元年〔1912〕的教育宗旨又有大的不同。

这三次变动，可以从社会背景上得到解释。清季保存了十足的封建意识，所以主张忠君尊孔；辛亥以后，挂上一块假共和招牌，教育宗旨也不三不四；欧战期中，中国工商业有飞快的进步，于是"国民经济""生活教育"……亦浸入中国教育家的头脑之中。

民国十六年〔1927〕，国民革命军奠定长江，国民政府所宣布的教育方针为："党化教育是革命化、民众化的教育……民众化教育是民众所有的教育，而且是民众人人皆能享受的教育……在民众教育内面，科学自然以事实为根据，不容有什么曲解，而且科学的应用，完全是为民众谋幸福的。"在革命胜利的初期，教育方面似乎勃勃有生气。但到二十二年〔1933〕二月二十日，教育部公布的小学公民训练标准开口第一句即说："发扬中国民族固有的道德，以忠孝、仁爱、信义、和平为中心。"而公民的政治训练一项，明白标出"养成奉公守法的观念"。其内容显然与革命化、民众化的教育不同。这种相去很远的变动，不从社会背景上去研究是不易了解的。冬裘夏葛，各顺时宜，这是谁也明白的事。

参考上述的材料，可见"道地货"虽贴上"国产商标"，毕竟与"西洋镜"没有两样。教育原理的变动性，在此又得到一次具体的证明。

第三节　适应新时代的教育原理

社会背景恐怕就是教育原理的"摇篮"吧！有某种社会背景便产生某种教育原理，这差不多像寒带的冰雪与热带的常绿树一样的真实。但是，社会背景是用"时代"的经纬线织成的，因此，也可说教育原理即"时代"的产儿，无论什么时代都有与其适应的教育原理。时代是"新陈代谢"的，这个时代的产儿——教育原理处在新陈代谢的过程中，亦不得不顺着时代的潮流，排演"推陈出新"的喜剧。

现在是一个动荡与转变的新时代——就中国说或就全世界说都是如此——无论何人，如果不愿自甘没落被新时代的"铁帚"扫去，那么，就应该睁开眼睛，认识这个新时代的前景，以决定自己的方向。甚至像我们这样靠教育事业吃饭的人，也没有徘徊瞻顾的余暇，不能不站在新时代的前面，把教育原理作一次彻首彻尾的清算。

老实说吧，时下的教育家，有些拘守陈说，在"古物陈列所"中翻筋斗；有些醉心欧化或美化，把外人的"唾余"囫囵吞下。这两条路到现在似乎已走不通。因为，残酷无情的新时代已将一切陈旧的、舶来的教育原理"否定"了！

在这里，要郑重指出的是：在历史发展过程中的"否定"，"不是简单的说'没有'，或者宣布事物不复存在，或是任意的把它毁灭。"比方前面讲到新时代否定了陈旧的、舶来的教育原理，这并不是说应该用秦始皇或希特勒（Hitler）的方法把现有的教育书籍通通付之一炬；刚刚相反，面是应该从旧教育原理中，用"批判"的火力，锻炼出新教育原理来。申言之，一面否定旧教育原理，同时，又在旧教育原理中吸收其肯定的贡献。用时髦的话说，即"把否定的要素当作最重要的要素包含着的辩证法中，其特征的东西，重要的东西，不是完全的否定及胡乱的否定，也不是怀疑的否定及混惑的否定；而是当作联结的动因看的否定，当作保有肯定的，即不伴有任何混惑、任何怀疑的发展的一个动因看的否定"。"否定"的意义如是而已。

再证以事实吧！例如苏联的新教育，在一般人看来，必认为与资本主义国家所实施者绝对不同；然而平克维奇（Pinkevitch, 1884~）说："尽管在理想上，苏联与西方各教育领袖之间有明显的差别，但相互了解与承认其科学的成绩，是必要的。……我们在美国教育家的著作里寻得丰富的资源。我们只提及道尔顿制、设计教育法、标准测验、教育测验便明白了。固然，在基本假定上，这些著作或许不适我们之用，可是一切新方法却都被介绍到我国来。"足见在教育上吸收他国的精华是不可少的。不过不宜像我国那样的不分皂白囫囵吞下罢了。这就叫作"否定"与"肯定"之统一。

现在，摆在面前的问题是：陈旧的、舶来的教育原理已否定了，试问适应新时代的教育原理是什么呢？

在未解答本问题之前，应该先把新时代画出一个轮廓。就全世界范围说，资本主义的繁荣时代已过去了，目前正临到崩溃的过程中；而且，在崩溃了的废墟上，已建立未来世界的模型——社会主义的国土。总而言之，全世界已处在从资本主义向社会主义转变的新时代。就中国范围说，因为过去在封建的樊笼内多绕了几个圈子，以致落到人后，我们应该很惭愧地说，目前仍停滞在从封建制度向资本主义转变的过程中。封建制度虽已成强弩之末，可是在帝国主义者劫持之下，也不易从封建樊笼内脱颖而出，更不易走上资本主义的坦途；何况资本主义世界已如夕阳西下，逼近黄昏，就是勉强赶上了，也不能让我们从容驻足；所以，我们的前途，与其说是资本主义，毋宁说是非资本主义吧！因此，应该说，中国已处在从封建制度向非资本主义转变的新时代。

新时代的前景既是如此，那么，适应新时代的教育原理便不难推知了。然而，前面讲过："不是人类的意识决定其存在，而是社会的存在决定其意识。"目前正是青黄不接的过渡期，旧藩篱已撤毁，新壁垒未造成，在客观条件尚未成熟之际，自然不能凭主观的幻想映出一朵新教育原理的鲜花，而只可根据新时代的"暗示"（hint），指出新教育原理的总方向。在这里，可以毫不怀疑地说：中国目前需要的教育原理，第一与封建时期的教育原理不同，第二与资本主义时期的教育原理不同，第三与社会主义时期的教育原理不同。因为封建时期的教育原理早已成为"僵尸"，不值一顾；资本主义时期的教育原理亦是"半老徐娘"，也用不着眷恋；至于社会主义时期的教育原理，虽说无异理想的"安琪儿"（AngeI），然对于枷锁满身的中国人一时无结婚的希望。打开窗户说亮话，我们在未摆脱半殖民地的命运以前，应该集中力量与帝国主义争斗，与封建势力争斗。反帝国主义，反封建势力，就是新教育原理的两大"基石"。

或者有人以为这种论据过于"单调"么？著者不敏，特引苏联最有权威的教育家——卢那察尔斯基（Lunacharsky，1875~1933）说过的话以解嘲。他说："在苏联从事教育者的周围，一切都还没有绝对确定。我们还在变动期中徘徊着；话虽如此，我们所谓变动期，决不是指对于计划及事物暗中摸索的时期，却是指对于已经完成的计划怎样加以具体化的时期。"在他们还感觉到"没有绝对确定"，还须"加以具体化"，那么，我们或许仍在"暗中摸索"吧！著者不过在本书内陈述个人"暗中摸索"的意见而已。

问　题

一、何谓意识形态？试举一个例子，说明意识形态因社会经济结构的变动而变动。

二、在资本主义勃兴时期，何以要求人文主义的教育？在资本主义发展时期，何以要求实利主义的教育？在资本主义没落时期，何以要求新人文主义的教育？

三、假使我们仍相信陈旧的、舶来的教育原理，对于中国前途有何害处？

四、以反帝国主义、反封建势力为新教育原理的两大基石，你赞成或反对？并说出所以赞成或反对的理由。

第二章　教育的本质与目的

第一节　教育的本质

教育的本质是什么？本是一个饶有兴趣的问题。在过去，我们曾听到许许多多"悦耳"的词句，有所谓"教育神圣说"，有所谓"教育清高说"，有所谓"教育中正说"，有所谓"教育独立说"，把教育事业抬举到天上，使全体"教书匠"乐得"鞠躬尽瘁，死而后已"。可是仔细研究起来，这些漂亮话都是"镜花水月"；用目前流行的术语说，仿佛像"烟幕弹"一样，只是些骗人的把戏。这种把戏，到现在大半已戳穿了。那些愿意"鞠躬尽瘁，死而后已"的"教书匠"，对于从前信仰的事业，不免因此有些"茫然"。

老老实实地讲，教育的本质不是神圣的，不是清高的，不是中正的，不是独立的，它不过是一种工具而已。在原始的时代，教育只有生物学的目的，就是以"保存种族"为目的。换言之，教育是帮助人类经营社会生活的一种工具，这种工具不属于某一部分人，而属于全社会。凡利用前代留下之物质的与精神的遗产，更加上新的经验与发明而传给次代，都是教育范围内的事。自私有财产发生后，尤其是在国家成立后，社会起了根本的变化，"不论在哪一个台面上，主角都是'多有者'丑角都是'少有者

'或'没有者'。但是，教育这'革鞭'，总是握在主角的手中，在丑角的臀上不住地鞭挞。古代——希腊或罗马时代的舞台上，主角是贵族，丑角是奴隶。当时流行的教育，是证明和赞美主角（贵族）的优越，使丑角（奴隶）知道自卑和断念。贵族相信自己是特别高贵，而不以为奴隶也是同样的人类。他们榨取奴隶的劳动，过着豪奢的生活。教育的任务就是使这事实成为合法化的事业。舞台一转到中世纪时，主角是封建诸侯和寺院，丑角是农奴。诸侯与寺院在农奴之上强行专制。教育是使农奴套上无知的扎眼布，塞了断念的口塞布，恰好教他们的父母子孙都过着土鼠一般的生活。基督教借上帝的圣口说：'善良的土鼠死后会走进天国中去。'舞台更转至近世，资本家做主角，劳动者做丑角。在这舞台上，背景、衣装以至独白，一切当然都为主角而有的。教育不过努力使舞台上主角的扮演成为最有效果罢了。"一言以蔽之，从古代到近世，教育这种工具虽不属于全社会而属于社会中的统治者，然其为工具则一也。就是到了未来的新社会出现以后，教育的花样固与现在不同，但就本质言仍是帮助人类经营社会生活的一种工具；不待言，这不是单纯的回到原始时代的旧轨道，而是发展到更高的新形式。

英国赫胥黎（T H Huxley，1825～1895）在其所著《自由教育论》中曾说过："政治家说，诸君不可不教育大众，因为他们自己将做支配者的缘故。僧侣们也以为大众离开教会及礼拜堂，将堕入无宗教的状态，故不可不以教育声援之。更有实业家和资本家带着威势，用着快活的声调也说教育之必要，无知造成恶劣的职工，它将很快地使英国不能制造比他国廉价的棉制品及蒸汽机关。"这段话无异"教育工具说"的浅显注释。

事实是胜于雄辩的，在铁一样的事实之前，我国时下的教育家，也把教育的本质看透了。兹引下面几个人的话以资参证：

舒新城（1893～）说："教育只是一种工具，可以用它建国，也可用它亡国。……教育是建设的一种工具，并不是建设工具的一切。"

周予同(1898~)说:"我是主张教育工具说的,在一个大革命的理想之下,教育也与其他政治、经济、科学、文艺等等都尽了一部分的责任。"

李浩吾(1895~1931)说:"教育只是一个工具,只是一种宣传,只是一项副产物,只是一批卫士队;……教育是魔术,也是毒药;简单言之——用社会科学的术语——教育是阶级的,是阶级斗争中的武器。"

郭一岑(1894~)说:"就教育的本质看……教育是用来助长社会生产的工具。"

灵影说:"我们必须要将教育看做推动民族解放与社会改革运动的一种工具。"

依照这些论据,对于前面提出的问题,可以大胆地回答了。教育的本质是什么?教育是一种工具,在某种社会条件之下,是帮助人类经营社会生活的一种工具。这不是看轻教育的本质,而是正确地估计教育的本质。真的,"明白了教育工具的原则,教育家庶可不至中夸大狂,以为宇宙间的一切问题只有教育可解决;同时,也可知道一把斧头决不能建成高楼大厦,必得先审量建筑的材料,重视大匠的指挥,接受锯子、凿子等等工具的互助。"

第二节 教育的目的

一般说来,人类与自然界其他部分显著的差异之一,就是一有目的,一无目的。木头与石块是没有目的的东西,这是无待争辩的事实。蜘蛛织网,蜜蜂做巢,可使人类中的建筑家看了惭愧;然而进一步观察,即使是极坏的建筑家其情形也与蜘蛛及蜜蜂不同,因为建筑家在未动工以前,已经有预定的建筑物在头脑里面,他们不仅变更自然的形态,同时还实现了自己的目的,这种目的是他们所知道的。至于蜘蛛及蜜蜂,我们实在没有理由相信它们在织网、筑巢之前，也有一个预定的目的存在。这就是说，人类的活动是有目的的，其他的无生物与生物都是没有目的的——蜘蛛及蜜蜂也是如此。

教育事业是人类活动之一种，自然有目的可言。古代斯巴达（sparta）的教育，其目的在保证未来的斯巴达人做国家的忠仆，且能用武器来保护国家；当时全部教育制度都建立于这种基点之上。在天主教派中，其主要的目的是创造天主教堂所需要的忠实信徒；就大体言，这种目的因用了各种方法而得到大的成功。从这些历史成例去看，我们见到：明确的目的可以决定教育纲领的全部性质。

不过，教育的目的是因时、因地而不同的。申言之，在某种具体环境之下，就产生某种教育的目的。资本主义国家的社会经济制度根本与社会主义国家不同，所以，资本主义与社会主义两种不同范畴的国家，在教育的目的上亦各有其特殊性，这是不可混同的。兹从资本主义国家的教育目的论说起：

洛克说："健全的精神寓于健全的身体，即教育的目的。"

赫尔巴特说："教育的目的在养成调和的与饶有多方面兴趣的人。"

斯宾塞（Spencer, 1820~1903）说："教育的功用在预备完全的生活。"

所有这些不同的词句，大抵表现出个人主义的色彩，无疑的，这是从资本主义制度下反映出来的东西。

此外，如桑代克（Thorndike, 1874~）则说："教育的终极目的在实现一种最能满足人类欲望的条件。"这似乎已超出个人主义的范围，但仍不免失之空洞、模糊。杜威（1859~）提示教育的目的分为：（1）自然的发展；（2）社会的效率；（3）文化的修养三项，确已搀入一些社会的观点；然而，也不过如平克维奇之所说："按之事实，他只是反映美国——当二十世纪之初，其资产阶级无疑的比德国更进步——的卓越精神而已。"

其次，社会主义国家的教育目的论，一望而知与上述者不同。平克维奇曾说过："我们教育目的的确定，将采用马克思（1818~1883）的方法，把问题胪列于后：在目前，在现时社会条件下，什么教育目的才完全与无产阶级的利益一致呢？这一问题，我们分教养（nurture）与教授（instruction）两方面来解答。在无产阶级国家内，教养的目的是什么？很明显的，个人应该发展而成强健的有机体，即身心机能的调和。依照这种目的一般的说法，我们似乎与资本主义国中的教育家没有差别。但这种普通的代数公式，未说及达到目的的方法；并未具体解释教养问题。在详细的方法与原理的具体应用上，马克思的教育学是与资产阶级不同的。普通教授的主要目的是世界观的发展。……我们必须养成社会主义的战士——他们明白了解阶级问题，且能独立估定现代文化之最重要的形式。这并不是说，我们不允许个性发展。我们梦想充分具备现在各种知识的人……我们梦想积极的、强壮的人，经过现社会革命阶级的斗争，以实现全世界和平与全人类幸福的理想。一般教授的目的与职业陶冶的目的并无冲突。……一个人必须受普遍的教育，同时要有一些特别技能。总之，苏联教养与一般教授的目的，在养成健康、强壮、活泼勇敢、独立思考与行动各方面发展的人，他了解全部现代文化，他是无产阶级利益——结局为全人类利益——的创造者与战士。"

比较了上面两种教育目的论，便知道两种制度下的教育彼此相去万里。可见，教育的目的与具体环境是分不开的。

中国一向在封建的樊笼内绕圈子，过去的教育目的大抵注重修养个人道德，因为"君君、臣臣、父父、子子"，是封建时代的信条《论语》这部书，大半是发挥这些道理。荀子（约公元前313~238）也说过："学恶乎始，恶乎终？曰，其数则始乎诵经，终乎读礼，其义则始乎为士，终乎为圣人"，还是这一套把戏。近十年来，我国教育界受金元博士杜威的影响甚深,以致在传统的个人本位教育之基础上,又涂上了一些新色彩——社会的观点。例如舒新城说:"教育是改进人生的活动,其目的在为社会创造自立的个人,为个人创造互助的社会。"何谓"自立的个人"?何谓"互助的社会"?则未详加解释,颇使人不易摸着边际。又如陶孟和(1889~)说:"现在教育之要务,不只是传递知识,更须使被教育者要能够明白合作、互助、服务、利他、民治这些道理,并且实行。受教育者应该觉悟他与社会的关系,以及改良社会的责任,他的理想应该是社会的,不是个人的。他的知识的、伦理的观念,多少总要与社会相调和。"似乎稍为具体一点;不过主张"知识的、伦理的观念要与社会相调和",试问处在矛盾紧张的社会,怎样调和下去?即使戕贼了个人也恐无济于事吧?

如果相信"真理常是具体的",那么,请看看中国的具体环境!

第一,帝国主义的铁网笼罩了全中国。

第二,封建势力的余威支配了全社会。

在这样落后的半殖民地,目前需要的教育目的当然不能像资本主义国家一样,只谈什么"兴趣""生活""人类欲望",又不能像社会主义国家一样,只谈什么"养成社会主义的战士",前章第三节里已讲过:"反帝国主义,反封建势力,就是新教育原理的两大'基石'。"倘使这种假定不错,那么,根据这种假定,我们应该决定中国现阶段的教育目的是:养成为民族独立与民主政治而奋斗的公民。只有民族独立与民主政治两大要求实现之后,才可谈到"自立的个人",才可谈到"互助的社会",才可谈到"个人与社会相调和"。否则,无论怎样说得漂亮,都是"画饼充饥",在客观上不外助长帝国主义与封建势力在中国活跃而已。

问 题

一、教育神圣说、教育清高说、教育中正说、教育独立说,其错误何在?

二、有人以为"教育工具的意义不是在政治而是在为政治基础之经济组织",(参考郭一岑:《教育的未来》,载《东方杂志》第31卷第2号)你认为对么?

三、在过去,把美国学者的教育目的论移殖到中国来,有些什么害处?

四、在我国目前环境之下,你觉得适当的教育目的应该是什么?

第三章 教育原理的生物学基础

教育学虽已成为独立的科学，可是其中所蕴含的原理并非与别种科学绝缘；反之，"随着自然科学的发展，这些学科的方法与原理渐渐渗透于心理学与教育学的领域之中。首先，实验心理学得到进步；其次，相继而起者则为实验教育与儿童研究。在教育范围内，哲学的权威终于不振了，教师们在研究中所探寻的南针，始转移其注意于自然科学——特别是生物学。这种倾向，在美国心理学家与教育思想家，如霍尔（G Stanley Hall，1844~1924）、鲍德温（Baldwin，1861~1934）、张伯伦（Chamberlain）及其他许多学者，表现得很明白。在苏联，理论家布隆斯基（Blonskg，1884~ ）应视为采取生物学观点之人。"兹就生物学与教育原理有关系者，摘要叙述于下：

第一节 儿童的本性

教育事业是以儿童为对象的，儿童的本性如何？应该首先认识清楚。从古代到19世纪中叶，一切教育理论家都相信教师用适宜的教法能得到他所愿意得到的结果。例如洛克说："儿童之精神中，无先天的固有之形，初如软蜡，吾人可得任意而形成之。所谓教育者，不外任意形成儿童之精神与以一定之模型而已，人之务善去恶，一基于教育之良否也。"不待言，这种估计是不正确的。到19世纪中叶，达尔文（Darwin，1809~1882）的《物种原始》（The Origin of Species）与赫胥黎的《人类在自然界中的位置》（Man's Place in Nature）先后出版，这两位伟大的生物学家指出，遗传（heredity）在本性中扮演重要的角色。同时，叔本华（Schopenhauer，1788~1860）则谓人类的特性是天赋的，不变的。隆布罗索（1836~1909）又证明犯罪与遗传有关系。而高尔顿（Galton，1822~1911）与里博（Ribot，1839~1916）复发现心理特征的遗传。总而言之：先天论（Nativism）便取洛克的感觉论（Sensationalism）或经验论（Empiricism）而代之了。这种观点在19世纪后半期传播甚速，甚至反映到文学家的作品内，如左拉（Zola，1840~1902）与易卜生（Ibsen，1828~1906）对于人类遗传方面都饶有兴趣。

到现在，谁也知道：儿童的本性并不像一张白纸，可听教师任意渲染的。不管他姓张或姓李，其身体与精神两方面都从胚细胞（germ-cell）发展而来。据遗传学者的研究，胚细胞是极其微妙而又复杂之物，其核（nucleus）内有染色体（chromosome），所谓"遗传单位"——孟德尔（Mendel，1822~1884）称为因子（factors）——即存于胚细胞内的染色体中。遗传单位由父母赋予的，父母又各有其父母，儿童的本性大抵由父母及其祖先所赋予的遗传单位决定的。"种瓜得瓜，种豆得豆"是铁一般的事实。根据这种事实，就建立了"类必生类"的原则。植物如此，动物如此，人类也是如此。所以，儿童的皮肤、毛发、眼睛，以及身材的长短、体质的强弱、性质的刚柔等等，总与他的父母类似。这叫作"遗传的类似性"。可是，染色体之配列，复杂到无以复加。就人类言，每个细胞含有48个染色体，在受精的卵内，其配列的可能数近于300万亿。因此，"没有两个生活的东西恰恰相同"又是铁一般的事实。儿童无论如何酷肖其父母，但与其父母总有若干之差别。古语说："人心不同，各如其面。"所以，走遍中外，看不到面孔完全相同的人。这叫做"遗传的差别性"。遗传的类似性使儿童模拟其父母；遗传的差别性使儿童不肖其父母。

上面一段话，无疑的是儿童"个性差异"（individual difference）的铁板注脚。个性差异本是教育上不可忽视的问题。儿童能力差异的程度，据试验所得结果，在一班学生内为1倍至25倍之多。于是，"个别处理"、"个别训练"，乃原则上必然的要求。而现代大批生产（mass production）的社会制度所反映出来的"班级制"，把全班儿童看成一模一样，也许有个性差异与强制划一的矛盾吧！

总之，儿童的本性，大抵是遗传决定的。这即是说，儿童的智慧、能力……都被决定于渺小的"遗传单位"之中，"千锤百炼施尽教育的功能，终难得将下愚变成上智。"然而，这并不是像宿命论者（eatalist）的见解一样，认为人生一切在母亲的肚皮内即已安排好了的。正确地讲：遗传所决定者不过是儿童本性上发展的"可能"（potentiality）罢了。"教育之能事是在善用人类遗传的倾向，除去其有碍的成分，逐渐加入良好的成分。有些天赋的或幼年习得的倾向，是当助长的，但有些则应加以抑制，或使其无发表的机会，或使其虽发表而生出苦痛的结果，更或养成良好的习惯以代替之。许多倾向，虽不能任其尽量发展，但亦不能令其根本消灭，只有改变之，诱导之，使趋向良善方面而已。"

第二节　环境的势力

如上面所述：遗传不过决定儿童本性上发展的"可能"，想把这种"可能"变成"现实"（actuality），那就不可缺少环境（environment）的刺激。例如小麦的种子，本有发芽、吐叶、开花、结实的"可能"；假使把它藏在密室的瓶里，始终与土壤、水分、温暖、日光绝缘，则那些"可能"无从发展。因此，应该说，胚细胞内一切可能性的实现，全系环境刺激的反应。小麦如此，儿童亦然。儿童自呱呱坠地以来，日与广大的世界相接触，自然环境与社会环境就是他整个生命发展的摇篮。他富有模仿性（imitability）、可塑性（plasticity）与易曲性（flexibillty），所以，他的发展完全在环境影响之下。在这种意义上，可说"人是环境的产物"。所谓"存在决定意识"，也是指此而言。

试举一事为例吧！杜威说过："假设住在北寒带的爱斯基摩人（Eskimo）的家庭中，同时有三个婴儿产生。在他们产生之第一日，即将其中之一个带到中国，别一个带往美国，其余一个即留在原来的家庭中，然后各给以该地方所能供给的最好的教育。待至他们都长成时，我们有许多证明与理由，可相信那一个长育在哀司开莫家庭的小孩，其思想、习惯、言语、举动等，一定是一个真正'道地'的哀司开莫；在美国受教育者，其智力及道德的习惯上，一切必定像美国人的样子；养育在中国者，一切必然像中国人。"在这段引证中，窥见环境的势力非常之大。

然而，这种说法与行为派心理学者否认一切遗传的定律，毫无相同之处。他们在根本上不相信有什么遗传。我们只是说：在儿童发展的过程中，遗传为内部的因素，环境为外部的因素，二者如车之两轮，鸟之两翼，都是不可缺的东西。施特恩（William Stern，1871~）说得好："精神的发展，不仅是先天性质之渐次的出现，也不仅是外部影响之简单的接受与适应，而是内部性质与外部条件在发展中双流汇合的结果。……与其问'某种机能或性质来自内部抑来自外部？'倒不如问'这种机能或性质有若干来自内部？有若干来自外部？'因为这两方面的影响在其形成中是共同参加的，只在不同的时期发生程度上的变化。"这段话的意思，无异说凡人与生俱来的倾向是遗传所赋予的，这种倾向经过发展的过程才变化而成个人的性质。

讲到这里，我们能否把遗传与环境两个因素看成并重呢？欲解答这一问题，不妨从《遗传与环境》一书中摘引一段话于下：

"人的环境比其他一切动物，范围要格外扩大好些，所以，环境之影响于人的发展，当然也要格外加大。化学的、物理的刺激，此一切有机体发展之最大因子，人类则除此以外，尚生活于心理的、社会的、道德的刺激之世界，这些刺激实予人以极深之影响。人类不仅受现在环境之刺激，凡过去经验之回想，将来情境之预测，皆足以刺激之。人类能够藉助于智力与社会之合作，以控制环境，而达其各种特别之目的，其情形有绝非其他有机体所能者。反之，遗传之为发展的因子，就人类而言，实不及其他有机体之有力。所以，凡智慧的与社会的生物之发展——如今日之人类——其遗传与环境的重要之比率，当然和下等有机体不同。无论就人类言，或其他一切动物言，遗传实预先规定其发展之可能性，'囿吾以垣，无敢逾越'；但是发展之可能性愈趋于复杂者，则其环境之唤起可能性者，必益趋于复杂，从而在变换生活条件下发展之结果，亦更种种万端，弥趋复杂。"

很明白的，指出"遗传与环境的重要之比率"，人类与动物不同。这就是说，环境在人类发展中的影响，超出一切动物之上。

环境的势力既是这样重要，那么，怎样利用环境，怎样适应环境，怎样改造环境，都成了教育上的中心问题。

第三节　教育与发展

儿童是在不断中发展的，胚细胞即其发展的起点。关于胚细胞及其转变而为成熟的个体之研究，今日虽在发端的初步，然其内容则异常丰富。用达尔文的话说："每个细胞无异于小宇宙，天空之中，群星灿烂，恰可与之相拟。"其中有构造（structure），有机能（eunction），在发展的过程中，构造一天天成熟，机能也一天天完全，构造与机能乃同一事物——组织（organization）——之出现于两方面者。一切身体的构造之发展，与一切精神的机能之发展，是平行的；一方面有了变化，即影响到他方面，如影随形，息息相关。遗传与环境，不过是其发展上所不可缺的因素耳。依照这种论据，便知教育不是从外面加什么东西到儿童身上——像喂鸡喂鸭一样，而是顺其发展的趋势，将其内部潜伏的能力引申出来。杜威说："教育即是发展。"这句话是对的。同时，身体与精神既是平行发展，而又彼此息息相关，则有益于身体活动者，自然有益于精神活动；从前"身心二元论"的陈说，是与生物学原理背驰的。

一切动物在发展的全部过程中，有一个特别阶段，叫作"儿童期"。儿童期长短不一，猫一年至二年，豕五年，马六年三个月，愈下等的动物，其儿童期愈短，有些鸟类差不多没有儿童期。反之，愈高等的动物，其儿童期愈长，人类的儿童期约为二十五年左右。人类可以学习各种事物，便是因为儿童期特别长久。儿童期是发展旺盛之年，也是最适宜于教育之年。主张"一切儿童的公共免费教育"是有根据与理由的。在这里，要特别注意到：儿童期本有其特殊的兴趣与需要，并非"具体而微"的成人，如果忽略这一点，把成人看待儿童，认为儿童的兴趣与需要同成人一样，在教育上必招致戕贼儿童的恶果。

儿童在不断发展中所学习的一切，称为后得性（acquired character）。后得性遗传与否，本是一个争论最多的问题。拉马克（Lamarck，1744～1829）的用进废退说，达尔文的泛生说（Theory of pangenesis），都认为后得性可以遗传。但中国妇女缠足数千年，而初生的女孩仍为天足，亦是有目共睹的事实。假使后得性可以遗传，这种事实就无从解释了。所以，魏斯曼（Weismann，1834～1914）起而倡立胚体连续说（Theory of germinal continuity），以为胚细胞每代连续，身体细胞只限于一代而止，断定后得性不能遗传。像这样把胚细胞与身体细胞之间划定一道不可逾越的鸿沟，又无异否认了"相互影响"的真理。这两种相反的说法，谁是谁非，殊难臆断。不过，平情而论，后得性为有机体上一种新的特点，不待言，是在某种环境影响之下产生的；起初虽得之偶然，倘使在继续的世代中取得有利于其发展的环境，又未尝不可把这种特点巩固起来而遗传至后代。（用魏斯曼的话说，即是使胚细胞受到影响。）教育对于个体所产生的成果，本属后得性的范围，要把它遗传下去，只有继续发挥教育的作用。这样说来，教育也成为人类进化的因素了。退一步讲，假使后得性不能遗传，亦不是否认教育的重要；恰恰相反，这是说明一切技能的获得，必由学习而来，从这一点去了解，教育就愈成为人类生存的工具了。

总之，生物学原理可以应用到教育上者颇多，上面只述其较重要的几项而已。在这里，要附带指出的，有些人把生物学原理夸张过实，无批判地应用到教育上来，如黑克尔（Haeckel，1834~1919）与米勒（Muller，1801~1858）之生物发生原则（Biogenetic principle）就是一例，这种办法也是有害的。

问　题

一、从事教育者缺乏遗传学常识，有何害处？
二、你觉得有哪些办法可以解决个性差异与班级制的矛盾？
三、环境对于儿童与成人的影响，果相同么？
四、就自己的经验，举一二件事实，说明教育与发展的关系。
五、你认为后得性是否可以遗传？并说明其所以然之故。

第四章　教育原理的社会学基础

生物学与教育原理的关系，在前章已约略讲过。但其观点是偏重个人的，针对儿童的本性与其先天的能力而施教——从生物学基础上所建立的教育原理——始终未跳出个人主义教育的范围。

我们知道，儿童不是荒岛上的鲁滨逊（Robinson Crusoe），而是群居生活的一分子，他从呱呱坠地的第一天起，即发生人与人的关系。所以，应该更进一步，从社会学的见地来分析教育问题。

第一节　个人与社会的关系

记得亚里士多德（Aristotle，公元前384~322）曾说过一句名言："人是社会的动物。"这即是说，人是生活在社会中而无时可以离开社会而生活的一种动物。社会对于个人的密切，仿佛如"水"与"鱼"一样。不独发展到高段的现代社会如此，就是未开化的原始社会也是如此。"独立的不相交通的渔者或猎者，……完全是18世纪无聊的幻想……社会之外孤立的个人生产，仿佛如文明人偶然猎于荒郊一样……这与说没有共同居住、互相谈话的个人而能有语言的发展，是同等的无稽。"

照布哈林（Bucharin，1888～）的意见，"由个人发展一方面来考察，我们知道个人毕竟由环境的协力所铸成，像香肠皮装满了香肠肉一样。人在家庭里、在街市里、在学校里，受种种的训练。个人所说的话是社会发展的产物；个人的思想是前几代渐次遗传下来的；所见到四周的人们都有他的生活方式；他耳濡目染的全部生活，时时刻刻影响个人。像海绵吸水一样，经常的吸收新印象。他这样'养成'个人。每个人毕竟充满了社会的内容，个人的本身就是各种社会影响互相凝结而成的晶体。"

这段话，虽说带有浓厚的机械论的色彩（如香肠、海绵之喻），但其说明社会支配个人，社会的势力超越于个人之上，是非常透彻的。

现在要问问个人在社会的涡流中是不是亦有相当作用呢？当然，那些相信"历史点金术"的人，以为历史也者不过是伟人的传记，把个人的作用看成"无限大"，这种见解固属不对；同时，又有些宿命论者，以为个人坐在社会运动的车轮上听其摆布，车轮转到何处，自己就跟着跑到何处，把个人的作用看成"等于零"，这种说法亦是矫枉过直。我们知道，真理常在两者之间，"有权威的个人，因为自己的聪明与个性的特长，可以变更事件及其结果之某些部分个别的外观，但是他不能够变更那由另外一种力量所决定的一般的方向。"换言之，社会运动有其必然律，个人不能与必然律相对抗；但了解必然律之后，顺其发展的方向而努力，亦有事半功倍的可能。在某种限度内，个人是有相当作用的。

从另一方面讲，社会固然支配个人，但在某种条件之下，社会亦赋予个人以大的力量。名将有了部队才能立战功，政治家有了群众才能成伟业；否则，英雄也无用武之地了。此其一。在动荡变化的社会环境里，个人向时代需要的方面直追奋起，又可以发展其潜伏的天才。伏尔佛逊（Wolfson，1894～）说："十月革命如果不发生在1917年，而发生在1967年，则谁也意想不到有几个文学家会成为专门的军事组织者，有几个医生会成为第一等的外交家，有几个法学家会成为军队的司令军长等。"此其二。

说到这里，还未涉及教育问题。假使前面的论据不错，我们便可大胆地断定：教育上一切设施应该注重培养社会化（socialized）的个人。什么是社会化的个人呢？自然不如陶孟和所说："受过教育的人应该是一个明白的投票人，一个热心公益的市民，一个生产的劳动者，一个享受文化的平民。"在虚伪的德谟克拉西制度之下，做一个顺民而已。最重要的一点，是要呼吸于共同生活的氛围气中，"成为自己社会关系的主人，成为自然界的主人，成为自己的主人——自由了。"教育以养成社会化的个人为目标，就不可不排斥反映资本主义生产组织的个人主义，不可不排斥反映帝国主义侵略政策的军国主义，而把教育的基本原则建立于集体主义（Collectivism）之上。

第二节　教育与劳动结合

无论是原始社会或现代社会，人总不是孤立的，在人与人之间结成经常的社会生活。试问这种社会生活在什么条件上建立起来呢？换言之，社会的基本联系是什么呢？

关于这个问题的解答，有各种不同的意见。像什么"心理的总体""精神的结合"这一类的玄虚之谈，用不着再去批判了。比较上可引人注意的，则有孔德（Comte，1798～1857）、斯宾塞等所创之生物的有机体说，以为社会虽然没有知觉，但有机关，有组织，将人类社会看成与生物的有机体一样。从单纯的社会进到复杂的（有阶级的）社会，正与生物之从单细胞进到多细胞相同。所以，孔德说："在社会学上发现出来的事实，都可在生物学上发现出来。"

然而。将组织社会的个人比拟构成生物的细胞，是不适合的。无论怎样描写，把社会说成一种巨大的动物，仿佛类似童话中的"鳌鱼"，终究没有方法来证实。不过这种说法有其特殊的社会意义,即是以神经中枢比拟统治者,以手足比拟劳动者,手足不能代替神经中枢,犹之劳动者不能代替统治者一样。其次,手足应捍卫头脑,犹之劳动者应捍卫国家元首一样。很明显的,这是官家御用的学说。

正确地讲,社会是制造工具的人类之生产的结合。即是说,社会是各个人为获得生活资料起见所加入的生产关系之结合。这就是说,社会是"生产的有机体"(Organism of production)。人与人之间的"劳动联系"即是社会的基本联系。申言之,"这种劳动联系即表现在社会的劳动中;所谓社会的劳动,就是说,人类无意的或有意的、不自觉的或自觉的相互工作。为什么如此?我们从反面一想便可以了然。我们暂时假定:人与人之间的劳动联系消灭了,生产品(或商品)不再交易、流通或分配,人们再不互相做工,劳动失了它的社会性。那时会怎样呢?那时社会也要变成粉碎而归于消灭了。"

如果承认社会是"生产的有机体",承认"劳动联系"是社会的基本联系,凭这种观点来谈教育,当然要得到"教育与劳动结合"的结论。平克维奇说:"学校必须与现实(reality)有最密切的联系,生产劳动必须放在重要的位置上",即是指此而言。然而,这与杜威所鼓吹的职业教育是有区别的。他说:"今日亟需之改革,即在教育上当注意给个人以充分自由,使选得所爱好适任之职业,如是方能造就最有效率的职工。"所谓"最有效率的职工",不待言,就是产生剩余价值(Surplus value)的劳动者。而"教育与劳动结合"的旨趣,却是企图从生产劳动中养成新经济生活的建设者。申言之,即是"从工厂制度上产生将来教育的萌芽,在将来的社会中,某种年龄以上的儿童将把教育、体育与生产劳动联合起来,这不但是增加社会生产的方法,而且是造成多方面发展的人之唯一方法。"

明白了这一点,便知道有闲阶级的"文雅教育",其目的在使闲暇时间成为更有意义,结果,从学校里养出"四体不勤五谷不分"的寄生虫来。这种畸形现象是非常不合理的。

第三节 社会分化与教育

前面讲到，人是社会的动物；又讲到，人与人之间的劳动联系，是就一般情形说的。可是，进一步观察，生活在社会中的各个人，其利害并不一致；因为社会发展到了一定的阶段，内部不可避免的起了分化，人与人之间分成许多集团，用流行的术语说，就是社会内部的阶级对立已发生了。自由民与奴隶、贵族与平民、领主与农奴、行东与佣工、资本家与劳动者，都是利害对立的集团。

教育是社会的上层建筑，在社会内部分化以后，教育也被一部分人所垄断。公朴曾说过下面一段话：

"在原始社会，教育是全人类都得享受、也是都当享受的。到了社会分成阶级，于是教育也带上阶级的色彩。在支配阶级方面，有俨然的教育制度，有厘然的教育规则，有专供本阶级适用的教育材料。至于被支配阶级，不是全被摈在这种教育制度之外，便被施以欺骗的教育。"

如果怀疑这些话里面含有"偏见"，不妨再从金元博士杜威的名著中摘引一段以资参考。

"全体社会生活显出闲暇阶级与工作阶级之分隔：一方面系享有特权无须工作者，一方面为终生从事工作而无须受学校教育者。在普及教育未实现以前，只有在社会上与经济上占优越地位者能得着教育之机会，而中等阶级以下者则否。此种阶级之区别，系社会上显著的事实。虽在现今，一般能受充足的教育者仍多属富裕家庭之子女，而劳动阶级之儿童，早年即迫于经济限制，不得不离开学校，偶有学得'写'、'读'、'算'之基本知识，已为难能可贵。由此，学校遂成为闲暇阶级之独占品。"

上面两段话，大致相同可见，现代教育不是全人类的工具，也许是公开的"秘密"吧！不过，杜威在说到"劳动阶级之儿童……偶有学得'写'、'读'、'算'之基本知识"时，忘记了一点，就是这种基本知识的获得，并不是为劳动阶级本身的利益，而是替闲暇阶级培养可受剥削的工人。同样，一般鼓吹"民国教育"、"普及教育"的人，表面似乎为全人类着想，其实无非利用教育为工具以迷惑被压迫者的意识，使其俯首贴耳，不扰害现代制度而已。在这种状况之下，"统治阶级的意识，便是全社会的意识"。老实说，便是阶级意识代替了真理。关于阐明真理的科学——尤其是社会科学——不列于正式的知识系统，仿佛像伏尔泰（Voltaire, 1694~1778）的心理一样，无神论不可让仆人听见。"现实"的无知，"未来"的盲目，正是阶级教育的特征。目前，资本主义国家的教育大抵如此。

"在苏联的状况，是与此相反的，在文化工作与经济建设中。征募广大群众参加的问题，成了刻不容缓的问题。所以，当儿童离开学校之前，在理论与实践两方面，如何建设劳动者的国家，必有透彻的了解。"为什么这样？因为"在社会主义的社会以及在走向社会主义的社会，倘使公共教育没有普遍的发展，则经济生活的组织与物质文化的提高就不可能。"

比较上述两种情形，便知道：在阶级教育的陷阱中，锢蔽了大多数人的聪明；在苏联准备实施人类教育的过渡期中，增进了大多数人的知识。孰优孰劣，一望而知。我们相信教育史未来的白纸，不是阶级教育的续篇，而是人类教育的第一页。所以，排斥阶级教育，要求人类教育，是教育发展的新趋势，也是教育原理的最高原则。或者用杜威的话说，就是"不使教育被人用为工具，不被一阶级利用，使更易于剥削别的阶级"吧！

问 题

一、你理想中社会化的个人应具备哪些条件？

二、试列举个人主义教育的缺点。

三、试根据教育与劳动结合的原理。拟具改革现行学校制度的办法。

四、有些人以为"教育是国家的事业",没有阶级的色彩,你同意么?

第五章　教育原理的哲学基础

教育与哲学的关系极为密切，本是大家承认的。杜威是以哲学家兼教育家著名的人，曾说过："哲学最透辟的界说，就是把它看成最普通方面的教育理论。"又说过："哲学是熟思深虑见之实行的教育学说。"这几句话大抵是正确的——固然杜威所标榜的实用主义（Pragmatism）的哲学常被德波林（Deborin，1881～）斥为庸俗者的哲学。

因此，我们在讨论教育原理的生物学与社会学基础以后，应再阐明其哲学基础。

第一节　辩证的宇宙观

苏联名教育家布隆斯基说："学校不可传授一堆零碎的知识。它首先必须以传授统一的、完全的世界观为目标。它必须以确定的意识来转移个人；否则，一堆庞杂的、残缺的知识将使学生精神为之混乱。世界不是由彼此孤立的零碎现象构成的。一切事物都有最密切的关系与联络。按之实际，所谓综合的方法不过是辩证法（Dialectic method）在教育学上应用的一种形式而已。"假使这段话不错，则在教育上不可不使学生对于"现实"有一种系统的认识与了解；申言之，不可不使学生依照"现实"的真相去透视"现实"，在复杂、错综、变化、发展的客观环境里，养成辩证的宇宙观，即是教育的主要任务。什么是辩证的宇宙观呢？依照现代哲学的解释，应有下面四个特点：

第一，辩证的宇宙观与玄学的宇宙观不同——在玄学家看来，事物及其在头脑中的反映——概念，是孤立的、固定的。前者是"见树而不见林"，后者是知常而不知变。辩证的观点则与此迥异：（1）从各种联系上去研究宇宙；（2）从变化及发展中去研究宇宙。认为宇宙万物不仅互相联系，而且处在形成、发展、消灭的过程中。天空的行星固然运行不息，就是渺小的物质也是变动不居。所谓"运动是物质存在的形式"，"没有运动的物质，与没有物质的运动，同是不可思议的事。"在这里必须指出两点：（1）不能把一切联系看成平列，要寻出各种联系的基础；（2）不能把一切变化看成循环起伏，要寻出一切变化的动力。如果说前者是生产关系，那么，后者就是生产力了。这是辩证论者重视的核心。

第二，辩证的宇宙观与形式逻辑的宇宙观不同——形式逻辑坚持"同一"，否认"矛盾"，由它看来，任何事物或是存在，或是不存在；同样，某一事物不能等于自己，又等于其他事物。这是它观察宇宙的基本原则。可是，用这种原则去研究宇宙现象，就遇到物质世界客观存在的矛盾，而迷乱于矛盾之中。因为宇宙是不断运动的，运动的本身就是矛盾。赫拉克利特（Heraclitus）说："斗争是万物之父。"黑格尔（Hegel，1770~1831）说："矛盾推动宇宙。"这样说来，矛盾就是运动的推进机了。不管在自然领域或社会领域，矛盾不但不阻碍发展，而且成为发展的动力。只有辩证的宇宙观，才是暴露矛盾的摄影器。

第三，辩证的宇宙观与机械论的宇宙观不同——机械论者是承认矛盾的，以为宇宙间有对抗的力量存在，提出所谓"平衡论"，把运动的过程分成：（1）安定的平衡；（2）平衡破坏；（3）恢复新的平衡。把运动的基础放在个体与环境之间的矛盾上。换言之，把运动的来源求之于外部，即社会的平衡由外部的自然来决定，仿佛只有外部的矛盾——社会与自然界的矛盾；简直把内容的矛盾放到运动过程之外了。固然，本身运动亦有外部的联系，可是，外部的联系只是内部活动的结果。这即是说，事物发展的规律是由内部矛盾决定的。辩证的宇宙观，不但不忽视外部的运动，但主要方面是分析内部的过程及其变化，即在一切过程的自身运动之中，在其自发的发展之中，在其活的生命之中，研究这些过程。"发展是对立的争斗，注意的焦点应该集中于自身运动来源的认识之上。"

第四，辩证的宇宙观与庸俗进化论的宇宙观不同——庸俗的进化论者以为进化是按部就班的发展与变化，循序渐进，拾级而升，这是有名的"渐变说"，仿佛"自然界没有突然跳跃的事"（拉丁谚语）。不过，新形式的产生总是经过从量到质的转变，经过矛盾的增长，经过"突变"来解决的。新形式本孕育于旧形式之中，但新形式的出现是突然的，它破坏了旧形式，否定了旧形式。例如，婴儿在子宫内与其母亲有共同的血液循环、呼吸及食料，经过长时期的渐变，具备独立生存的可能，最后则以分娩的形式（突变）呱呱坠地。所以，宇宙间一切现象，不只有渐变，而且有突变。庸俗的进化论者认为发展过程只有渐变，而辩证论者则认为发展必经过两个阶段：（1）渐变；（2）突变。

辩证的宇宙观，简单言之，就是如此。如果说，"哲学是最普通方面的教育理论"，或是"熟思深虑见之实行的教育学说"，那么，辩证的宇宙观也许可以看做全部教育原理的原理吧！

第二节 认识的过程

杜威在《德谟克拉西与教育》一书第二十四章——教育哲学中，提出两个问题：一是知识的哲学（The philosophy of knowledge），一是道德的哲学（The philosophy of morals）。如果译成现代哲学的术语，则前者就是"认识"，后者就是"实践"。兹从认识方面说起。

只要是懂得哲学 ABC 的人都知道，认识论的内容是：我们怎样认识身外的客观世界？这是哲学上的中心问题，同时是教育上的中心问题。

关于本问题的解答，有两种相反的意见。一种是玄学家的意见，以为一切事物只存在于观念之中，只是"观念"表现的形式。换言之，不是桌子、书籍成为物体映在我们的头脑中，而是这些东西成为"观念"映在我们的头脑中。这就是说，不依赖人类的意识而独立存在的客观世界是没有的。

像这样十足的观念论者——否认客观世界的存在——必然要跌落到唯我论（Sohplism）的泥坑中去，以为除我的意识外，一无所有，所穿的衣、所吃的饭、所结婚的爱人，以及我所系念的一切，都不过是我的感觉、我的概念、我的思想而已。换言之，都不过是精神的"幻想"而已。

这种玄学家的认识论，到了康德的《纯理性批判》出版，转入另一个方向，以为重心不在认识的内容而在认识能力的自身，于是提出所谓先验论（Opriorism），断定认识的能力是先天的，即所谓纯理性是完全的、永久的、可靠的，而后天的感觉则为一切虚妄的根源。这可说是玄学家的认识论之最高点。

依照这种见解——"没有主观便没有客观"（Fichte）——在逻辑上自然得到下面的结论：即当人类未出世以前，世界是不存在的。用普列汉诺夫（1857~1918）的话说，就是"先有儿子后有母亲"。无疑的，这是叔本华所指斥的疯人哲学（Insane philosophy）。

另一种则是物质论者（Materialist）的意见。远在希腊时代，德谟克里特（Democritus，约公元前 460~370）已说过："万物照着自己的形状，因原子的飞射而发生影像，这种影像一到感官里便成感觉。"这是有名的原子论（Atomism）。到 17 世纪，培根指出认识的来源为经验，由经验的基础造成科学，无疑的，他是经验论者（Empiricist）。及至洛克，否认先天的认识能力，以感觉为认识的唯一来源，叫作感觉论；不过他又承认理性为认识的要素，含有理性论（Rationalism）的成分。迄19世纪，异军突起的费尔巴哈（Feuerbach，1804~1872），在认识论上否定"先天的理性支配一切"，提出"生活决定思想"的原则，以为人类先从外界得到感觉，再由感觉一步步锻炼成思想；所谓思想不是纯粹主观的、抽象的理性之产物，而是客观物质的反映，由生活条件决定的。这些意见——由原子论而经验论，而感觉论，而生活决定思想——显然与玄学家的意见形成对抗的阵容。

的确，"辩证法教给我们，不但客观的现实是发展的，并且认识也是发展的。"所以，近代哲学的认识论与以前的认识论比起来，实已百尺竿头，更进一步。

第一，否定先验论，不承认有所谓先天的能力。

第二，承认以感觉为认识的唯一来源，这一点与感觉论相同；但以为感觉是客观的物质给予主观的印象，是主观与客观互相接触的结果。

第三，否定以"理性支配一切"的理性论，但在否定之中吸收其肯定的贡献——承认思维为认识的要素之一；不过思维不是纯粹主观的、先天的、超物质的，而是客观给予主观的反映，经过锻炼的结晶，并是后天的。

第四，同意经验论，以经验为认识的要素，但指出经验的物质基础。

第五，同意生活决定思想的原则，但指出这只是纯粹感觉式、客观式的性质。以为人类的认识不能以消极的适应外界为满足，主要的还是积极的改变外界。

总括一句话，现代哲学的认识论把主观与客观、感觉与思维、理论与实践看成辩证的统一。

怎样把这种认识论应用到教育方面呢？

如上所述，客观世界是独立存在的；所以学校教育不当专读死书，应该授予具体的、活泼的知识。其次，知识的获得，不因什么先天的能力，实由感觉接触而来；因此，在教育上应该尊重人类的现实性，即是说注意五官的训练，多给学生以观察、实验的机会。同时，思维也是认识的要素，则排除注入式、启发思考力，亦属不可忽略之事。最重要者，无过于教育理论与教育实践的一致。自社会分化以后，教育与劳动成了风马牛不相及的东西。理论上所争辩者大抵皆属于"一个针尖上容得下几许天使跳舞"之类，这即是说，"离开实践的思想是否真理之辩论乃是纯粹的烦琐哲学（Scholastic theology）问题"。要知道：人类如何认识客观世界在实践以外是不能解决的，教育的基本问题无疑的应该归宿到实践上。所以说："从生动的直观到抽象的思维，从抽象的思维到实践，这是认识真理的辩证法的路程，是到达于客观的实在之认识的路程。"

第三节　实践的作用

我们知道，现代哲学与过去一切哲学不同的特征之一，就是不仅在解释世界，而且要改变世界。现在，且进一步来分析世界是否可以改变的问题？即是说，人类的实践是否有作用？

本来，客观世界的发展有其必然律，详言之，即是它的形成、发展、消灭都受必然律的支配，似乎与人类的意志无关。有了"必然性"就没有"自由"，这在头脑充满二元论的人们看来，自然是一贯的逻辑。

不过，社会现象与自然现象不同。自然现象如行星运动，如草木荣枯，与人类的意志无若何关系。即使人类都死光了，行星还是照旧运动，草木还是照旧荣枯。说到社会现象就不如此，社会现象是人类构成的，说社会现象而没有人，就等于说"方的圆""热的冰"，成了胡说。社会现象既不能离人而独立，所以，社会发展的必然性，必须经过人类的意志与行动而表现。这即是说，人类的实践是社会发展的因素之一。申言之，社会发展的必然性并不排斥人类的实践，正相反，人类的实践是社会发展必然性的锁链上重要之一环。

要详细阐明这一问题，不可不解释"自由与必然的关系"（The relation of freedom and necessity）。在辩证论者眼中，自由与必然不是互相否定的范畴，而是"对立的统一"。这即是说，必然性在历史过程中所实现及展开的各种趋势，是可以认识的，这种认识便是自由。兹引一段话为证。

"自由是必然的认识。必然只在未被人理解之前是盲目的。……意志自由不过是人们握有事实的知识而下判断的能力而已。因此，人们关于某一问题的判断愈自由，则其所得的决定愈多必然性。另一方面，犹豫动摇即是缺乏知识的表现。……所以，自由含于以必然性的知识为基础而支配自己与外部自然之中；所以，自由一定是历史发展的产物。最初从下等动物分离出来的人类，在一切实质上与动物一样的不自由；可是，在人类发展中前进一步，其趋向自由也前进一步。"

自由既非与必然对立，则对于社会必然性认识越多，就可顺应这种必然性，或者利用这种必然性，发挥意志自由的作用，即是说，发挥人类实践的作用。在这种意义上，人类是可以改变世界的。

在这里，要附带指明一点，人类改变世界不是无条件的，因为"人类放在他们前面的常常只是他们能够解决的问题"，详言之，即是物质条件已经存在或正在发生的过程中，人类才能发挥实践的作用。——在物质条件已经存在的地方，即突变快要开始；在物质条件正在发生的地方，则突变尚不可能，人类的实践，只能促成渐变以预备突变。这一点是幻想家所不了解的。

尤有进者，实践不只是改变世界已也，人类本身亦在实践中发展的。这即是说，人类一面改变了世界，同时又改变了自己。原来，"人类的感官，在人类劳动过程中，在人类实践之历史的发展中，都不是不变的东西，而是发展的、分化的东西"。所以说，"人是环境与教育的产物，因此，人的改变是环境与教育的改变之结果。"

说到这里，实践与教育的关系已非常明白了。一方面，实践为认识真理的基础，"布丁的证明就是吃"（the prDof of pudding is in the eating），教育上"行以求知"（learning by doing）的原则是以此为根据的。另一方面，实践不仅改变世界，同时改变自己。可见，为时代需要的人须在实践过程中去训练；离开了实践，教育就没有生气了。所以，不管就客观上说或就主观上说，实践总是教育问题的重心。

总之，从生物学的见地可看透人的本性及人与自然的关系；从社会学的见地可看透人与人相互间的关系；从哲学的见地可看透人在整个宇宙中的关系。从这三方面去研究，不啻为教育原理扩大了丰富的源泉。从此知道教育不是孤立的范畴，而是全部问题中的一条枝干。这样一来，在教育原理上所得的结论，决不会与全部问题发生扞格了。

问 题

一、实用主义是否是庸俗者的哲学？
二、试举一个实例，说明辩证的宇宙观在教育上的重要性。
三、试就自己经验，解释思维为认识的要素。
四、用辩证的观点，说明"自由"与"必然"的关系。
五、实践何以能改变世界？实践何以能改变自己？

第六章　政治教育

第一节　政治与教育的关系

一般人大抵把政治看成肮脏的东西，把教育看成神圣的事业，对政客则生鄙夷之心，对教师则表尊敬之意。这种成见的根源，无非认定政治与教育有绝对不同的性质。还有一些人，以政治不上轨道每每影响到教育本身，为挽救时弊起见，揭举"教育独立"的旗帜，想用人为的方法使教育与政治分家。

现在以"政治与教育的关系"标题，大家不觉得奇怪么？

奇怪与否是一回事，政治与教育绝缘与否又是一回事，且让我从下面三点来解答这一问题。

第一，就社会结构说——政治是上层建筑，其本身以社会经济为基础。政治形式必与经济形式相适应：有封建经济就有贵族政治；有资本主义经济就有民主政治；政治与经济是分不开的。至于教育也是上层建筑——政治是上层建筑之一，教育是上层建筑之二——它除受社会经济的决定外，并受政治制度的决定，教育与政治亦是息息相关。所以，山下德治说："在现代社会居支配地位的是政治，在中世纪居支配地位的则为神学。现代教育之政治化，与中世纪教育之神学化，有相同的理由。"又鲍尔生（Paulsen，1846~1908）说："无论何处，教育制度的真实情形，在主要方面是由社会的状况与其组织来决定的。……公共教育制度的形式常常反映出社会——产生教育制度——的状况。"

第二，就国家性质说——近来，教育事业为国家机关所垄断，即是说，为某一部分人掌握中的政治机关所垄断；所以，教育便成了政治的附属物，不管是什么国家的形式都是如此，不过，有些人在这一点上把专制国家与共和国家看成两样，把专制时代的教育看成与共和时代不同。以为"教育有二大别：曰隶属于政治者，曰超轶于政治者。专制时代，教育家循政府之方针以标准教育，常为纯粹之隶属政治者。共和时代，教育家得立于人民之地位以定标准，乃得有超轶政治之教育。"共和时代的教育果超轶于政治么？如法国在1791年共和国宪法中曾规定："国家应创设并组织一个为教育全国国民的制度……学校中应有节日纪念法国革命，国民互相友爱之精神，及服从国家宪法及一切法律。"又如美国鼎鼎大名的哥伦比亚大学（纽约）与哈佛大学（波士顿），完全受摩根（J P Morgan）财阀的支配，是两所奉财阀政治为理想的大学。所养成的教育专家主持全国教育，教育理想的生产正和汽车及腊肠的生产一样，成为组织化、标准化的产业。财阀两双魔手，一双抓住美国的政权，一双抓住美国的教育权。可见，共和时代的教育仍与专制时代一样隶属于政治。

第三，从历史实例说——远如古代希腊，无论是斯巴达式的军事教育，或雅典式的艺术教育，其目的在注意统治者的身体与精神训练，关于生产劳动则指挥奴隶经营。柏拉图（Plato，公元前427~347）所描写之"共和国"的教育，完全是奴隶所有主的教育。降至罗马时代，其教育——如十二铜表法的教育——亦以涵养统治者的精神为主。可见，政治与教育结不解缘。中国古代虽与西洋不相通，然教育隶属于政治却同途合辙。国学，如天子的"辟雍"、诸侯的"泮宫"，都是培养贵族的学校。就是如"夏校""殷序""周庠"等为平民而设的乡学，也不能跳出政治的罗网，其内容正如孟子（约公元前372~289）所说："皆所以明人伦也，人伦明于上，小民亲于下。"这显然与孔子所主张的教育原则——"君子学道则爱人，小人学道则易使也"——相同，有极浓厚的政治色彩。三代以后，如嬴秦之"以吏为师"，固然明明白白的由政府垄断教育；即汉武之表章六经，罢黜百家，在儒教一尊之下，研究那些"修身、齐家、治国、平天下"的大道理，仍不过是把教育看作从政的准备。下至近代，厉行"八股政策"，以利禄为羁迷士人、消灭反侧的手段，教育简直变为"愚民之术"了。清季废科举，兴学校，实施其所谓"洋八股"的教育，内容虽新，也不见得有原则上的差异吧！老实讲，一部教育史，就是政治支配教育的实录。

总之，从社会结构说，从国家性质说，从历史实例说，只得到一个相同的结论，就是"教育的政治化"。

所以，"我们公然宣言——所谓超越生活与政治的学校，不过是欺蒙与虚伪而已。"

第二节　中国现时需要的政治教育

现在，世界各国都有自己的政治教育，其形式与内容是彼此不同的。最易引起人们注意者，一是意大利的政治教育，一是苏联的政治教育。

意大利是法西斯制度（Fascist regime）的国家，它运用所有的政治力量，使全部教育法西斯蒂化，以鼓吹爱国、奖励战争及崇拜墨索里尼（Mussolini）为其特色。这种特色渗入一切教科书中，凡历史、地理、经济、法律等教科书以及小学各种读本，必须与法西斯政府的要求相合，借此以创造所谓"新意大利的精神"。

苏联的政治教育却与意大利完全两样。过去的教育人民委员卢那察尔斯基说："与公民教育的思想不可分离之一观念，是政治的宣传与共产党之发展。当作苏维埃政权之机关,负有国民教育责任之教育人民委员部,若无马克思主义之宣传,将不能尽其任务。"这样公开主张教育之彻底的政治化,其目的在养成积极的、自觉的社会主义建设者。

中国需要哪一种政治教育呢?也许有人要问:中国应该学意大利呢还是学苏联呢?

在解答本问题之前,首先应该明白,各种形式与内容不同的教育,不是个人主观的幻想,而是现实环境的产物。不了解这一点,任意盲从,必引起"削足适履"的痛苦。中国近代教育史料已将模仿日本、模仿美国的教训,在事实上指给我们看了。

一般说来,意大利的政治教育是垄断资本主义时期资产阶级独裁政治下的产物,苏联的政治教育是建设社会主义时期无产阶级独裁政治下的产物。中国既不是垄断资本主义的国家,在目前,也谈不上建设社会主义。所以,这两国的政治教育都不合我们的需要。

难道中国在过去自己没有政治教育吗?有的,不过属于消极方面,如"不在其位,不谋其政""劳心者治人,劳力者治于人"之类,其目的在养成"不识不知,顺帝之则"的阿斗,好让国家大事由几个诸葛亮来支配。前日之因,今日之果,所以,弄成不痛不痒、不死不活的病态。要诊治这种病态,无过于加紧政治教育——从消极的政治教育改变为积极的政治教育。

中国目前正处在所谓"国难"时期,全世界的矛盾大部分落到中国身上,中国已经不是中国人的中国,而是"世界的中国"了。这即是说,中国问题是世界问题的一部分,中国危机也是世界危机的一部分。我们既不能把教育与政治、经济分离,所以,说到政治教育也必须从全世界客观环境中去探讨,才可规定正确的目标。另一方面,中国的"国难"并非一朝一夕之故,而是历史发展的必然,所以,说到政治教育,也必须从全部历史发展中去探讨,才可把握现阶段的特质。这几点,是估计中国政治教育之基本的前提。

老老实实地讲，中国是一个半殖民地的国家，近几百年来不良的政治造成今日的厄运。一方面有帝国主义的侵略，一方面有封建势力的飞扬，这两个怪东西，在中国社会转变的狂流中成为生死相依的知己，拼命地阻止中国社会前进。所以，摆在中国青年面前的任务是反帝国主义与反封建势力。换言之，就是要求民族独立与民主政治。毫无疑义的，现时政治教育的内容，除了授予一般政治、经济原理与定律，使其对于现世界、现社会有正确的认识外，尤应该与目前政治上的要求融成一片。

关于实施政治教育的具体办法，我以为可分校内、校外两种：

（一）校内的——从小学到大学，所有社会科（初小）、公民科、历史地理科、政治经济科，都与政治教育有密切的关系；课外的时事报告、时事研究，亦可处理生动的题材；而课外活动——尤其是学生自治训练，更是实施政治教育的组织。从各方面分途并进，使学生在理论上、在实践上，成为富于政治积极性的人，成为反帝、反封建的中坚分子。把一切个人主义、清谈主义以及各种不良的倾向与性癖，都熔化于政治教育的洪炉中。

（二）校外的——可以说是民众教育的中心问题。在民众学校、民众博物馆、民众俱乐部以及图书馆、电影院、新闻纸之中，都应该把政治教育摆在第一位。利用一切偶发事件唤起民众注意，使其在麻木不仁的状态中甦生过来。同时，加紧的提倡平民识字运动，固然，"消灭文盲不是政治问题，但没有消灭文盲，就谈不到政治。一个不识字的人是站在政治之外的，在他能参加政治之前，必先教其识字。否则不能参加政治——只是造谣者、空谈者、说书者、迷信者。"至多也不过是"真命天子"的顺民，德马哥格（Demagogue）的喽啰而已。在这里，要指出我们所需要的民众教育与一切资本主义国家不同，他们是借民众教育训练适当的投票者，我们则在养成民族解放运动的参加者、指导者。我国人口几达全世界总额三分之一，如果大多数民众从睡梦中活跃起来，谁也不能亡中国，谁也不能卖中国。到了民众视国事如家事，管理国事如家事的时候，中国的命运就改变了。

中国现时需要的政治教育，我以为是这样，也只有这样。

问　题

一、试探究我国过去"教育独立运动"失败的主因。
二、所谓超越生活与政治的学校，何以是欺蒙与虚伪？
三、试就意大利与苏联的政治教育作比较的研究与批评。
四、依照自己的意见，拟具我国实施政治教育的详细办法。
五、从报纸与杂志上，搜集时人关于政治教育的言论，并批评之。

第七章 生产教育

第一节 生产教育的论据

生产教育本对消费教育而言,这个新鲜而又时髦的名词,近年在吾国教育界中传布颇广,自官厅的文告以至学者的著述,都主张推行生产教育,甚至以为生产教育是目前中国教育界中一颗起死回生的灵丹。"生产教育的发生,不用说,是因为:(1)受了资本帝国主义的剥削,以至每年有六七万万元的入超于出,全国经济濒于破产。(2)封建残遗的军阀连年内战,大部分的农村遭受战争的破坏,以致农民不能安居农村,因此,农业生产愈趋衰落。(3)复以政治之混乱,政府军阀只知刮民膏血以养兵,而对农业生死所关之水利毫不过问,以致水旱频仍,酿成农业的破产。(4)自学校教育诞生以来,每年有大批毕业生得不到职业,而学校所制造的毕业生又逐年加多,因此,由学校毕业后变成无业游民的数量便大量的增加。上述四个原因,是构成生产教育的要求之客观条件。换言之,生产教育的目的是在:一方面用教育的方法去救济濒于破产的农业,因而增加生产的能率,借以抵抗资本帝国主义的侵略;另一方面,训练学生的生产技能,以免除学生离开学校后的失业。"如果这段分析不错,则生产教育确是值得提倡的问题。

生产教育是否是"头痛医头，脚痛医脚"的救急术呢？当然不是如此。在这里，且就生产教育的论据研究一下。

第一，就人类教育的起源说——教育不是什么神秘的东西。它的起源，既非出于"天命"的启示（如天生蒸民，作之君，作之师），又非由于"人生"的要求，而是为现实生活所必需，即是说，为社会生产的过程所必需。美国密勒（Nathan Miller）在其所著《原始社会的儿童》（The Child in Primitive Society）一书中曾说道：原始社会中的儿童，一方面要对物质的环境求能适应，以便获取生活的资料；他方面要对先辈经过无数次的努力所积成的经验当作遗产传来的，也求能适应，以便保持全群的"文化"。而这种种生活活动（life-activities）的学习，竟没有不可从模仿以致的。……非洲的少年研究畜群中的每只动物，它的形貌、习惯及足迹，大部分十四岁或十五岁的儿童能知道河中及溪涧所生鱼类的名称、习惯乃至捕捉的方法。……儿童也由这样自然观察的方法，学知一切田野、森林及河流的事项。这种知识对于他们实是非常必要，因为不如此便不足以适应。凡维持生活的方法——渔猎、畜牧、耕种等等——并未大规模的发展，也就仅靠模仿老辈的行为以获得。……在生活资料感到困难的时候，这也成为强制做父亲的指导儿童、而不等到儿童自行模仿之一机会。澳洲的儿童，往往受大人的指导以追寻野兽的行踪，且能凭最微细的形迹以认识鸟类及爬虫类的出现。对女孩则教以结绳及制篮的方法。这些事实证明，人类教育的起源是与社会生产分不开的。换言之，人类教育史的第一章即是生产教育。

第二，就社会组织的基础说——前面第四章第二节里曾经讲过，社会是"生产的有机体"，这即是说，整个社会可以看作生产的组织，生产是一切政治事变与文化表现所环绕的中轴。人类在制造工具以补充其生理的结构以后（这一点是动物办不到的），人类的发展便开辟了新的境界。因此，人类能在生产过程中不断地征服自然，使自然屈服于自己。所以，生产工具——生产过程中的产物——愈进步，即社会组织愈进到高的形式。"手工磨机给我们以封建王公统治的社会，蒸汽磨机给我们以工业资本家统治的社会。"这样说来，生产过程是可以决定一切的。我们如果不愿长停滞在陈旧的社会组织里，而想顺应社会发展的必然性，向更高的形式推移，则在教育方面应该开拓新的领域，以生产教育为中心，所谓"生产教育是一种教养人类利用科学发明的成果与生产工具的使用而进于一般社会生产化之生活教育。"除直接增进社会生产外，并可使儿童了解生产过程的本质、生产活动的内容以及生产发展的基本趋势。苏尔锦（Shoolgin）说得好："我们的紧急问题是，教育次代的人，使其生活的各种形式顺应生产力发展的实际要求。"要使生活顺应生产力的发展，那就无过于生产教育了。换言之，生产教育即与社会组织的基础相适合的教育。

第三，就现代生活的标准说——现代是机器生产支配一切的时代，在机器生产的基础上，整个社会以至整个世界都面目一新了。过去生活以个人主义为标准，现代生活则以集体主义为标准。如果说，个人主义是小农业与手工业生产的映影；那么，集体主义就是大机器工业生产的映影了。我们要使儿童适应现代生活，在教育方面必不可与机器生产绝缘。从机器生产中，不仅可以学习现代技术与科学，并且能养成集体主义的意识、习惯以及纪律，所谓"工厂是现代社会最灵敏的感应板"（Sensitive plate），所谓"劳动、自治、与现代生活融成一片"，确是观察有得之言。"真正的生产教育，则为学校教育之广义化，使教育组织社会化，学校内容生产化学校的形式虽存，而学校的实质已变。……生产与教育的统一，即学校与工厂、农场的统一。"换言之，真正的生产教育，即从事机器生产的教育；现代生活的标准是从这种生产教育的洪炉中锻炼出来的。

以上三方面——人类教育的起源、社会组织的基础、现代生活的标准——都是生产教育的论据；固然其论据不尽于此，但举出这几项也可证明生产教育之必要了。

第二节　中国现时需要的生产教育

中国正处在百业破产的泥坑中，不独个人失业成为经常的现象，就是整个国民经济亦有总崩溃的危机。遇到这样的年头，提倡生产教育来补救，确是"千该万该"。即偶有持异议者，不过以为中国现时缺乏生产教育的条件，并非从根本上否认生产教育。可见，生产教育在中国不是应否推行的问题，而是怎样推行的问题。

说到怎样推行，争论就发生了。有些人开口闭口总说"中国以农立国"，断定生产教育应该把农业列在第一位。如：

舒新城说："中国民族重大的缺憾，有人以为是贫、弱、愚、私……然而，根本的大病更是在于贫……要医贫的毛病，自然只有增加生产之一法……生产增加应以农业为主、工业为辅。"

曹刍说："我们是小农的国家，还停滞在手工业时代……我们唯一的方法，只有利用农产品去换必要的工业品，渐求入超减少，以至于出入相抵，这是农业国家必经的途程。所幸中国农业还是利用人力与畜力的农业，还未用着机器力量；同时，荒地尚多，地方未尽，生产增加不是不可能的。"

罗廷光（1896~）说："开宗明义，当然以注重生产教育为最重要，拿了生产教育去代替旧式的消费教育。切切实实的去讲究生产，讲究生产的增加。因为中国系以农立国，当然应以农业生产为主、工业为辅，努力于发展固有的农业，辅以近世工业。"

生产教育以农业为主、工业为辅，可以说是一种极流行的意见。这种意见果正确么？

我是反对这种意见的，驳论见我所写的《从经济原则论我国生产教育的总方向》一文。所持的理由是："中国在历史上本有'以农立国'的特征。但这只是闭关以前的事。自从中国的城壁被欧洲大炮似的商品打破以后，时代已经变了，西方资本主义按照自己的模型改造了全世界。从前'以农立国'现在却'以农弱国''以农亡国'了。……美国以其大机器农业与我们亚洲式的小农竞争，往往把我国农产物价格压到成本费以下，于是倾家、荡产、鬻儿女以偿债务，便成为农民命运的必然。"根据这些理由，我认为："生产教育以农业为主，即是主张我国生产事业永远为帝国主义的原料供给者，永远为帝国主义的商品消费者。换言之，即是永远入超，永远现金外溢，使我国经济一天天沉入破产的深渊，大家走上饿死、冻死的道路。"

生产教育以农业为主既行不通，那怎么办呢？我在同一文中已说道："我们在生产教育上就应该掉换方向，把工业生产放在第一位。我们要提倡'学校工厂化''工厂学校化'。只有这样，中国的教育才有助于生产，才可从亚洲式的国家渐渐变为现代的国家，才可从落后的农业经济渐渐向工业经济发展。"同时又指出："生产教育以工业为主，并不是轻视农业，恰恰相反，正是准备在大工业的基础上改造农业。"

或者有人要抓住"工业危机"的事实来反驳，以为注重工业不是自投陷阱么？但这不是生产教育总方向的错误，而是资本主义生产制度的罪过。

中国能够走上资本主义的坦途么？我在本书第一章第三节里已否定了，认为"我们的前途，与其说是资本主义，毋宁说是非资本主义"。因此，讨论我国的生产教育，应该与非资本主义的发展联系起来看。什么是非资本主义呢？"它的任务，不仅在凭借广泛的政治力量来扫除封建势力掩护下的残酷剥削与消灭帝国主义的经济政治支配，而且，还要确立进步的经济政策来改造涣散的小农发展，经过相当的发展以后，再开始从各经济部门转变为社会主义经济。"所以，我国以"工业为主、农业为辅"的生产教育，不可不以非资本主义的发展为条件。

近来，沈因明提出生产教育在中国之社会根据的问题，断定"资本主义式的生产教育在中国还是此路不通"，这种断定我是同意的。但他的结论却主张："只有分配公有的地方，才有生产及生产教育的园地。"似乎把分配看成与生产没有联系，可以由意志的行动来决定的，则又走进杜林（Duehring，1833~1921）的迷宫中去了。

问　题

一、单靠生产教育能挽回我国经济的劫运么？
二、你以为生产教育最重要的论据是什么？
三、在生产教育上，你赞成工业为主抑农业为主？
四、试拟"学校工厂化"与"工厂学校化"的具体办法。
五、在中国推行生产教育，你觉得须要某种先决条件？
六、从报纸与杂志上，搜集时人关于生产教育的言论，并批评之。

第八章 文化教育

第一节 文化教育的意义

文化教育这一名词的内容,有许多不同的解释。

首先应该说到的,如卢梭之流,把文化与自然看成对立的范畴,以文化为"贵族之奢侈的装饰品",非常讨厌文化,甚至说:"文化非但不能澄清道德,而且正足以借艺术与科学之用,使道德愈加堕落;艺术是不洁之伪饰,温文的礼仪是无礼节之透明外罩,而社会公共生活上之光荣,不过是奴视同类之标记而已。"照他的意见,文化在教育上简直无立足之地,在根本上否认文化教育。自然,卢梭的观念(自然主义)是人文主义者所反对的。我们讲文化教育,本与卢梭意见不同,他否定文化教育,我们则肯定文化教育。

其次要说到,就是同样肯定文化教育的人,关于文化两字的解释亦不一致。如英国阿诺德(Mathew Arnold,1822~1888)说:"文化乃是古代思想与知识之最好的部分之熟谙",以专门倚赖文学与历史的学科为达到文化目的之唯一方法,仿佛文化与"古文学"大体符合,这是文艺复兴以后比较流行的见解。又如哈纳斯(Hanus)则以文化的内容为:"对于现代文明资产之理会、赏鉴及应付之才量",把文化的内容向现代生活方面扩大，即美术与理科，其效力也远胜于"古文学"。

以上两种解释，都认为文化教育是别于专门的或职业的教育而言。他们常说：教育乃是造就"人"，不是要训练商人、工人、农夫，亦非专为训练公民。教育的功用在启发个人的"人格"。

金元博士杜威是指斥上项见解之人，他以为这种文化教育只偏重于夸张那些于社会无所裨益之事物，是专为贵族而设的。其结果仅粉饰表面而不顾实际，与朽腐木头涂了油漆以掩饰其缺点一样。据杜威的意见，文化教育在启发人格、想象力、感情、赏鉴力等，以提高个人的精神生活。申言之，即是凡人在足衣足食、有恒久的职业以外，须有一个高尚的理想，时时鼓励他向着一定的目的走去。更明白些说，即是要使人人明白个人与群体的关系，自己职业的社会意义，对于职业有自动的兴趣，能以善用他的闲暇，作高尚、优美的娱乐等。

试问杜威的意见是否正确呢？如果说，阿诺德与哈纳斯的解释是将文化教育与职业教育对立起来，则杜威的解释就是将文化教育与职业教育融成一片。前者固然是贵族的装饰品，后者也不过把机械的职业添上一点兴趣，在社会服务的理想下面忘掉被剥削的痛苦而已。这恐怕是资本家的新魔术吧！

真正的文化教育，却不是这样。在这里，应该先说什么是文化，再说什么是文化教育。

"文化是人类活动之结果，是人类劳动所创造的一切事物之总和，与无须人类劳动、由自然给予我们的一切是对立的。"通常分物质文化与精神文化两种。前者包含人类在整个的生产领域中所用的直接手段与形式，如生产技术、经济关系、适应外界的协同劳动等是。后者即指人类意识的全部，如语言、思维、道德、艺术等是。物质文化与精神文化不是绝缘的，不是对立的，前者是后者之基础。一言以蔽之，文化是社会劳动之产物，文化的形式与内容跟着社会的发展而变化。所以，有封建文化、资本主义文化、社会主义文化。

文化既有鲜明的时代性，文化教育当然与文化一样，也是有时代性的。一般说来，与职业教育对立的文化教育，属于封建的范畴，其目的在养成温文尔雅的士君子。与职业教育调和的文化教育，属于资本主义的范畴，其目的在养成乐天知命的职业家。这两种范畴的文化教育，到现在已被"时代先生"所遗弃了。

目前是旧文化教育已经动摇，新文化教育方在萌芽的时代。所谓"新""旧"也者，并不是彼此绝缘的东西，用辩证的观点去看，则新文化教育不过是从旧有的源泉之中吸收其肯定的要素，再继之以发展，使进于高级的形式而已。过渡时期，文化教育的任务在了解"现实"（reality），即从各方面去了解自然与社会——在其发展中、联系中、矛盾中去了解自然与社会有关系的诸法则。不仅要明白旧文化教育的渊源与其价值，并且应该在理论上与实践上扬弃旧文化教育，建设新文化教育。由过渡时期文化教育的摇篮里所培养出来的人，不是温文尔雅的士君子，不是乐天知命的职业家，而是新生活的追求者，新生活的创造者。

同时，我们要懂得，文化教育固然有其客观的基础，不是什么专门家头脑中的产物；但也不是一面纯粹反映客观的镜子。这即是说，在客观现实的发展中，它亦有积极的作用。了解了这一点，便知道文化教育不是玩品，而是武器——生存的与争斗的武器——了。

第二节　中国现时需要的文化教育

有些人爱谈"东方文化"，认为中国是"东方文化"的策源地，甚至说"东方文化"就是我们的"国粹"。我们现时果需要"东方文化"吗？

在未正式解答之前，先要说明"东方文化"是什么？"东方文化"绝对不是什么"神秘"的东西，就其经济基础言，它是农业社会的文化；就其历史阶段言，它是封建时代的文化。假使中国现时还是十足的农业社会，还是典型的封建时代，那么，"东方文化"便是最时髦的"货色"。固然，在西方也有某些人醉心"东方文化"，但这只是西方某些人之开倒车，不能以此证明"东方文化"之适于现代。老实讲，"东方文化"不是我们现时需要的。

现在，农业经济已经没落了，封建制度已经瓦解了，中国虽在崎岖险恶的路上慢步徘徊，然无疑的仍向着"现代"的轨道上前进。在这种情形下面，我们正需要"现代文化"。

现代文化是什么？一言以蔽之，就是科学的文化；或者更干脆些说，就是机器生产的文化（the culture of machine production）。这种文化的"铁帚"，把一切落后的、迷信的、空想的成分都一扫而空了。所谓资本主义时代的物质文明——如天空的飞行机、海底的潜水艇、解热的电扇、取暖的电炉以及其他征服自然的利器，大抵建立于机器生产之上。

不过，机器生产到现在似乎走到了尽头。宏大可惊的生产力已与资本主义的生产关系发生矛盾，生产过剩、失业增加，造成了人为的灾难。在严重的经济危机之下，同时发生严重的文化危机。沉溺于危机深渊中的人们，于失望灰心之余，不惜在技术上主张以锄铲代替机械；在生产上主张以手工业代替大工业。"资本主义不再需要智慧的创造者、发明家——除非他能发明新的枪炮。"同样，在文化方面，也有"智慧上生产过剩的害怕"，不惜回到唯理主义、神秘主义，公开地向宗教乞援。前面所说西方某些醉心"东方文化"的人就是其中之一部分。在许多技师、工程师、科学专家被经济危机的"棍子"赶出工厂与实验室之后，文化上的大反动也达到旷古未闻的境界。

当机器生产正在没落的时候，难道我们还要追求"现代文化"蹈西方的覆辙？自然也不是如此。

话应该这样说，现代文化遇到严重的危机，并非现代文化本身的罪过，而是资本主义制度的罪过。所以，目前不在咒骂现代文化，而在从资本主义制度的桎梏中把现代文化挽救出来，使现代文化更向前发展，向非资本主义前途发展。——这就是我国文化教育的总路线。

进一步讲，资本主义的文化建筑在剥削大众之上。它虽与"东方文化"有别，也不合我们需要。我们企图使现代文化向非资本主义前途发展，即是说，要扫除这种文化的剥削基础，把这种文化变成大众享受的东西——或称为大众文化（不是贵族文化，也不是资本家文化）——科学与艺术都是大众的家常便饭。换言之，人不再是机器生产的奴隶，而是机器生产的主人。

中国现时需要的文化教育，是大众的文化教育，更具体些说，要加紧到大众中间去做文化启蒙运动。目前不需要一二个杰出的科学家，只需要普及科学常识；不需要一二个优越的文学家，只需要消灭文盲运动。文化启蒙的内容，应该以下列两点为骨干：

第一，反帝国主义文化——文化侵略是帝国主义制伏我国的武器之一，如教会学校、青年会、外国报纸、洋偶像讲演，退回庚款派遣留学，以及什么"公理"、"正义"的虚伪宣传，都是文化侵略的天罗地网。帝国主义不断地掠夺"额外利润"，使我们走进火坑；又派遣大批出卖"灵魂"的牧师，深入内地，劝我们迷恋"天国"，以期和缓反抗运动。而那些"歌颂圣明"的洋博士，也是直接、间接为帝国主义服务的。这一种文化——帝国主义文化——确是大众的鸦片。

第二，反封建文化——封建时代惯用"民可使由，不可使知"的愚民政策，画一个圈子，让纳税的老百姓跳来跳去，不逾范围。如"忠、孝、节、义"，"礼、义、廉、耻"一类的花样，真多极了。孔家店的教义更是封建贵族御用的武器。所有这些把戏，都是造成顺民的条件，都是实行专制的条件。这一种文化——封建文化——也是大众的麻药。

以上两者不啻中国文化教育的陷阱，我们必须发展"大众的现代文化"来与之对抗。反帝国主义文化与反对封建文化,不言而喻的,是目前文化教育的两面大旗。

上面三章——从第六章至第八章——已经分别讲过了。这三章的主要内容是:

(1)民族独立的政治教育;

(2)机器工业的生产教育;

(3)大众享受的文化教育。

在这里,要将三种教育的相互关系略加说明。第一,民族独立本是政治教育的目标,可是这一目标的实现,即是生产教育与文化教育发展的保证;因为只有在民族独立之后,才可无阻碍地进行机器工业的生产,才可无阻碍地建设大众享受的文化。第二,机器工业本是生产教育的目标,同时,这一目标的实现,也是政治教育与文化教育成功的条件;因为,在机器工业基础之上,可以抵抗帝国主义的经济侵略,可以提高大众的文化水准。第三,大众享受的文化教育,不待言,对于政治教育与生产教育亦是大有裨益的;在文化教育普及的情形下面,更易充实民族独立的内容,更易促成机器工业的进步。可见,这三种教育不是彼此孤立的,而是三位一体的。也许这就是政治教育、生产教育、文化教育的连锁性吧!

问　题

一、你对杜威的文化教育之意见有何批评?

二、举例说明文化教育何以不是玩品而是武器。

三、试探究资本主义国家文化危机的原因。

四、拟具实施大众文化教育的方案。

五、从报纸与杂志上,搜集时人关于文化教育的言论,并批评之。

第九章　教育与人类前途

第一节　人类前途的预测

人生虽不过百年，可是关于人类辽远的前途都非常有兴趣。

我们固然不是什么预言家，但把握住科学上因果关系的定律，也可预知人类的前途——甚至可预知人类辽远的前途。

人类的前途怎样呢？悲观论者的见解，以为人类必归毁灭，以为人类的末日终于要到来，杞人忧天，殊不足取。我以为，人类的前途是光明的、幸福的，人类不断的努力、不断的前进，必然的要达到所谓"黄金时代"。

不错，现在还是黑暗支配一切的时代，个人与个人的仇视、阶级与阶级的对立、国家与国家的竞争，把大好的人类社会蹂躏得血迹模糊。我们常遇到危机的灾难，常感受战争的威胁，常听见革命的呼声，仿佛天崩地陷，大祸快要临头。然而，雪莱（Shelley, 1792~1822）有言："冬天到了，春天还会远吗？"看透了四时递嬗的现象，便知历史演进的过程，一面是旧的死灭，一面是新的诞生；处在"人类前史"行将结束的今日，所有一切不可避免的牺牲都是新时代光临的代价，腐朽的、矛盾百出的资本主义不得不在新时代光临之前宣告死亡，而且已在六分之一的国土上宣告死亡了。人类的前途，在下面一段话中，业经画出一个轮廓。

"社会占有生产机关以后，就再不生产商品了。……自觉的和有系统的组织代替了社会生产的无政府状态。个人的生存斗争停止了。只有到那时候，才能够说，在某种意义之下，人类才确定的脱离兽性的统治；只有到那时候，真正人的生活才代替兽的生活。生活条件以前是支配人类的，那时候将受人类的支配。人类成为支配自己社会组织的主人，同时也就第一次成为支配自然界的真正的和自觉的主人。人类社会行为的规律，以前像外来的、无情的自然界规律一样，支配人类；以后，人类将完全认识这些规律的因果而使用这些规律，因此就支配这些规律。人类组织成社会的形式，以前是受自然界和历史决定的，那时将是人类自由创意的行为。以前支配历史的客观力量，那时就受人类的支配。只有从那时起，人类才完全自觉地自己创造自己的历史，而人类所种的社会因，才能逐渐正确地产生人类所期望的社会果。人类终于脱离必然的世界而进入自由的世界。"

第二节 教育在人类发展中的效能

人类的前途是什么？从前节所得的答案是："人类终于脱离必然的世界而进入自由的世界。"这个结论是根据科学上因果关系的定律而预测出来的，其正确性大抵与日食、月食的预测相同。

不过，人类的前途属于社会现象而不属于自然现象，社会现象是人类构成的，所以，社会发展的必然性必须经过人类的意志与行动而表现（详见前面第五章第三节）。在这一前提之上，教育事业对于人类的前途就有关系了。因此，我在本书最后一节里，不可不把教育在人类发展中的效能作一个正确的估计。

首先要指出，"教育万能说"是靠不住的。固然，我也做过一场教育万能的热梦，记得在结束学生生活之前，曾写了一篇以《教育能力论》标题的毕业论文，东扯西拉，甚至牵强附会地找一些科学根据，为"教育万能说"张目。不幸，这一场热梦为残酷的事实所打破，我早已不相信这种"胡说"了。假使现在还有与我同梦的人，我敢以自己身受的教训劝他赶快觉醒。

然而，这是否是说"教育无效"呢？也不是如此。

无论从生物学的见地去考察个体的发展，抑或从哲学的见地去考察宇宙的发展，都证明教育有相当的效能，这在前面第三章与第五章里已经讲到，毋庸多说。让我再从社会学的见地把教育的效能略加考察吧！

"我们知道，教育不是什么凭空生长、独立存在的，它乃是受制于经济的关系（同时就是政治制度），而为某种经济的、社会的副产物，某种经济的、社会的形态之反映。不错，我们可以补说一句，教育也有率先领导或者促进的功用。例如，在辛亥革命之前，有许多地方的学校已在宣传革命思想，黄花岗七十二烈士的英勇行为，尽可说是这种宣传的产物。由此可知，教育着实有作用，决不像是专做'尾巴'的。……要之，人绝不能在客观上所不可能的范围内创造什么，人只能在客观上所可能的范围内有所推进利导。教育的可能性自然也有这个限度。"

社会学上的结论，与生物学、哲学的结论是一致的。因此，可以大胆地断定：教育在人类发展的过程中，不是万能的，也不是无效的，固然说不上有决定的效能，但是确有相当的效能。认清了这一点，便懂得文化革命（cultural revolution）的意义与价值了。

我们正确估计教育的效能之后，应该问：怎样才可把教育的效能贡献到人类发展中去呢？说到这一层，问题就不简单了。在这里，不可不指出："为教育而教育"是徒劳无功的。因为，教育以外的势力超过教育若干倍，假使那些势力妨害人类发展的话，那么，教育事业就无成绩可言。所以，要使教育上一点一滴的效能有助于人类的发展，则从事教育者必须与一切妨害人类发展的势力争斗，至少必须与那些为谋人类发展的运动取得联络，以同一步骤，从必然的世界向自由的世界走。换言之，教育战线必须与整个基本运动战线统一起来。兹在本书终结之际，谨以下面一句话赠给从事教育的朋友：

"教育界孤军奋斗是没有出路的！"

问　题

一、你所希望的黄金时代须具备哪几个条件？
二、人类怎样努力才可从必然的世界走进自由的世界。
三、教育何以不是万能？
四、试举一二个实例，说明教育只有相当的效能。
五、文化革命的意义与价值是什么？

图书在版编目（CIP）数据

王国维教育学 / 王国维著 . 舒新城教育通论 / 舒新城著 . 钱亦石现代教育原理 / 钱亦石著 . -- 北京：北京联合出版公司，2013.10（2025.4 重印）
（民国大师文库）
ISBN 978-7-5502-2145-1

Ⅰ.①王…②舒…③钱…　Ⅱ.①王…②舒…③钱…　Ⅲ.①教育学—文集　Ⅳ.① G40-53

中国版本图书馆 CIP 数据核字（2013）第 253295 号

王国维教育学
舒新城教育通论
钱亦石现代教育原理

作　　者：王国维　舒新城　钱亦石
选题策划：北京三联弘源文化传播有限公司
责任编辑：丰雪飞

北京联合出版公司出版
（北京市西城区德外大街 83 号楼 9 层　100088）
天津海德伟业印务有限公司印制　　新华书店经销
字数 260 千字　710 毫米 × 1000 毫米　1/16　18.75 印张
2014 年 1 月第 1 版　2025 年 4 月第 3 次印刷
ISBN 978-7-5502-2145-1
定价：95.00 元

版权所有，侵权必究
未经书面许可，不得以任何方式转载、复制、翻印本书部分或全部内容。
本书若有质量问题，请与本社图书销售中心联系调换。电话：010-84318689